中国玉米产业

安全动态评价与GTAP模拟

金　鑫／著

ZHONGGUOYUMICHANYE

ANQUAN DONGTAI PINGJIA YU GTAP MONI

中国财经出版传媒集团

经济科学出版社

Economic Science Press

图书在版编目（CIP）数据

中国玉米产业安全动态评价与 GTAP 模拟/金鑫著.

—北京：经济科学出版社，2017.9

ISBN 978 - 7 - 5141 - 8448 - 8

Ⅰ.①中… Ⅱ.①金… Ⅲ.①玉米 - 农业产业 -

安全评价 - 中国 Ⅳ.①F326.11

中国版本图书馆 CIP 数据核字（2017）第 230707 号

责任编辑：李晓杰

责任校对：刘 昕

责任印制：李 鹏

中国玉米产业安全动态评价与 GTAP 模拟

金 鑫 著

经济科学出版社出版、发行 新华书店经销

社址：北京市海淀区阜成路甲 28 号 邮编：100142

总编部电话：010 - 88191217 发行部电话：010 - 88191522

网址：www.esp.com.cn

电子邮件：esp@ esp.com.cn

天猫网店：经济科学出版社旗舰店

网址：http://jjkxcbs.tmall.com

北京财经印刷厂印装

710×1000 16 开 12 印张 180000 字

2017 年 10 月第 1 版 2017 年 10 月第 1 次印刷

ISBN 978 - 7 - 5141 - 8448 - 8 定价：38.00 元

　　本书受广西重点学科旅游管理学科经费资助出版，亦为桂林旅游学院旅游产业融合研究中心以及桂林旅游学院校级重点学科区域经济学学科建设的阶段性研究成果。

前　　言

　　玉米是中国三大粮食品种之一，产量约占全国粮食产量的 1/4。虽然我国从 2016 年起开始调整种植业结构，调减非优势区玉米种植面积，但是我国玉米的潜在需求仍然很大，由于国家政策限制，玉米乙醇等行业的发展规模十分有限，增长潜力巨大。与此同时，受进口玉米的冲击，我国玉米的市场竞争力明显下降。中国曾是玉米出口国，但因近年玉米需求增长速度已经超过玉米增收速度，玉米供求处于紧平衡状态，个别年份甚至还出现了玉米消费大于当年产量的情况，特别是在 2010 年中国首次大规模进口玉米，至此中国玉米贸易格局发生根本性变化，由净出口转变为净进口。由于农业贸易自由化是大势所趋，伴随着玉米进口准入政策的进一步开放，世界玉米市场对我国玉米产业的影响将更加直接。本书正是在此背景下，将我国玉米产业安全评价研究赋予新的视角，在对我国玉米产业安全进行总体评价的基础上，模拟国际市场及进口准入政策变化对我国玉米产业的影响，这对维护我国玉米产业安全具有重要意义。

　　本书在对产业安全及产业系统安全的概念及特征等基本研究范畴准确界定基础上，以产业控制理论、产业保护理论、产业损害理论以及产业国际竞争力理论等相关理论为基本框架，构建了科学、全面、可量化的开放条件下中国玉米产业系统安全综合评价指标体系。其次，运用时间序列分析法，对各指标的变化趋势及规律进行分析，并对未来数据进行预测延展。然后，运用层次分析及模糊评价法得出中国玉米产业安全度估算结果并对中国玉米产业系统安全进行综合评价与趋势分析。再次，运用一般均衡模型，分析了两种情境下对我国玉米产业造成的冲击。最后，提出了维护我国玉米产业安全的对策建议。

本书的主要内容有：

（1）首先，对产业安全的概念、特性和产业与产业系统的概念、特征、构成等基本概念进行界定；其次，从产业经济学角度阐述了本书分析所依据的理论基础；在此基础上构建了科学、全面、可量化的开放条件下我国玉米产业系统安全综合评价指标模型。

（2）利用时间序列分析法进行数据预测与各指标的变化规律分析。为分析未来几年玉米产业安全形势，需要对指标值进行预测，同时也可以探究各指标值的规律性。但由于数据之间的波动性较强，不能进行回归模型分析。本书通过前期观察发现各指标数值随时间变化呈现某种规律性变化，所以首先利用本书已获取的 2011～2014 年的历史数据，对各指标历史值进行时间序列分析，建立时间序列模型，预测得出了各评价指标 2015～2019 年的数据，并结合模型变化趋势，对每一个指标的规律性变化进行分析。

（3）运用因子分析法和模糊评判法对我国玉米产业安全进行动态评价与变化趋势分析。通过建立因子分析模型发现进口投资控制因子排在因子排序的首位，分析结论表明影响玉米产业安全的最重要的两个指标是产业进口依赖性以及产业控制指标；其次通过设置各指标的警限、指标值映射等步骤合成模糊评价模型，最终得出中国玉米产业系统安全度估算结果。结果总体显示国内玉米产业安全呈现阶段性特征。2001～2008 年我国玉米产业安全评级为安全，而 2009～2019 年评级为不安全。原因是分析期的前半段（2001～2008 年），我国玉米消费增长幅度不快，玉米自给率较高，玉米进口依赖性不强。国际粮商在我国的布局控制加强，但我国玉米供大于求，库存充足，产业控制对我国玉米产业的影响有限；而到了分析期的后半段（2009～2019 年）玉米及其副产品进口量大幅增加，进口依赖性增强，国际资本对我国玉米产业股权控制加强。在国内玉米产量增速低于消费增速的情况下，国际玉米市场的波动及资本控制对我国玉米产业安全产生不利影响。此外还对组成指标体系的外资产业控制安全度评分、产业进口依赖指标安全度评分、产业国际竞争力安全度评分、产业自给率指标安全度评分、产业国内供给环境安全度评分分别进行分析。

（4）设置模拟方法以及研究方案。首先介绍本书所应用的全球贸易分析模型基本原理与结构；其次根据本书模拟需要给出在 GTAP 模型中添加关税配额模块的处理方法；最后给出数据处理及分类方式并设计模拟方案。本书主要模拟分析两个方面内容，第一，模拟外部冲击的作用机理，分析国际玉米或美国玉米发生减产对我国玉米产业及宏观经济的影响。第二，分析国内进口准入政策进一步放开的影响，即根据农业贸易自由化的精神，我国如果降低配额外关税或扩大玉米进口配额，这将对我国玉米产业安全带来哪些变化。

（5）模拟分析国际玉米市场波动对我国玉米产业系统的影响。通过设置基期方案及两个模拟方案，分别模拟分析。模拟结果显示：世界玉米市场波动不仅对玉米价格影响产生显著影响而且对大米、小麦、大豆等相关作物的价格也会产生影响，这再次说明间接贸易是国际粮价输入的主要形式，模拟的结果显示产品的价格波动程度及幅度要小于工业制成品。此外本书还对国际玉米市场波动对玉米及相关作物生产的影响、涉及玉米各产业部门的影响、涉及玉米各部门劳动力就业及收入的影响进行模拟分析。

（6）模拟分析玉米进口准入政策进一步开放对我国玉米产业系统的影响。首先介绍我国玉米贸易市场准入政策及其调整过程，并分析其变化调整趋势；其次对配额外关税及进口配额的经济效应进行分析；最后分别拟定模拟方案，分析玉米进口配额调整及配额外关税税率调整对我国玉米产业系统的影响。模拟主要结果显示：在中美现有的玉米补贴政策下，中国不可能完全放开玉米进口准入，但可以适度增加玉米配额。所以，短期内我国还应继续实施玉米关税配额政策，国际粮食市场放开将是大势所趋，我国可以适度扩充配额，一方面满足国内市场需求，另一方面顺应国际趋势，逐步开放玉米市场，并在未来的贸易谈判中合理利用规则保障自身利益。

（7）开放条件下，在玉米产业系统安全的评价和模拟的基础上，最终提出了保障我国玉米产业安全的对策建议，为有关部门制定产业政策提供依据。对策建议包括：建立预警体系、动态监控等八点。

本书的创新之处在于：

（1）把系统分析的思想以及方法引入产业安全研究领域，以科学的系统观来研究玉米产业安全，更能体现产业的特性和深层次内涵。

（2）运用时间序列分析对指标数据进行动态推演与指标评价。现有的农业产业安全评价研究多是采用静态评价，也有一些称为动态评价，但大都用近几年的数据直接评价，或用几年数据的平均变化率对数据进行推演分析，这种评价方法不能考虑经济及贸易周期性的影响，缺乏对指标值变化规律性的分析。使用多年的历史数据，通过对指标数据建立时间序列模型，既能对数据进行预测延展，又能充分分析各指标变动的规律性因素。

（3）应用 CGE 模型评估世界玉米市场波动及我国玉米进口准入政策的影响。国内对国际粮食价格波动的影响，大多数是从价格输入方面进行研究。没有进一步具体定量分析，价格波动对相关产业的影响。另外本书在标准的全球贸易分析模型（GTAP）基础上，借鉴关税配额政策处理方法，模拟分析玉米进口准入政策调整的影响，此方法能够为其他产业分析进口政策调整提供借鉴。

（4）本书通过研究得出，虽然国有资本仍然在玉米产业链中处于优势地位，但国际粮食企业加紧了在我国渗透的步伐。

（5）本书通过模拟发现，间接贸易是国际粮价输入的主要形式。世界玉米市场波动不仅对玉米价格影响产生显著影响而且对大米、小麦、大豆等相关作物的价格也会产生影响，这说明间接贸易是国际粮价输入的主要形式。

（6）本书通过模拟发现，对玉米生产进行补贴是开放经济条件下维护玉米产业安全的必要措施，但是如果只依靠补贴来抵减过度开放的冲击，每年将支付高额的补贴，实施高补贴政策的还会影响其他粮食作物生产，对其他产业也有损害。如果对其也进行补贴，数额会更高。这不仅对我国的财政支出有一定压力，更重要的是会造成粮食产量的不稳定，威胁粮食安全。

金鑫

2017 年 8 月

目 录

contents

第一章

引　言

第一节　本书写作背景、目的和意义

一、本书写作背景

我国是人口大国，保障粮食安全是实现国家安全的重要内容。玉米是我国三大粮食品种之一，产量约占全国粮食产量的1/4。虽然我国从2016年起开始调整种植业结构，调减非优势区玉米种植面积，但是我国玉米的潜在需求仍然很大，由于国家政策限制，玉米乙醇等行业的发展规模十分有限，增长潜力巨大。近年来，受进口玉米的冲击，我国玉米市场竞争力明显下降。与此同时，随着玉米加工产业的蓬勃兴起和快速发展，玉米用于饲料用粮和深加工用粮需求激增，使供求两端发生矛盾。这种矛盾一方面拉高了玉米的价格，玉米企业的成本压力巨大，另一方面玉米的供不应求势必加大对玉米的进口规模。中国曾是玉米出口国，但由于玉米需求增长较快，个别年份出现玉米供求紧平衡的态势，2010年中国首次大规模进口玉米，至此中国玉米贸易格局发生了根本性变化，由净出口转变为净进口。由于农业贸易自由化是大势所趋，伴随着玉米进口准入政策的进一步开放，世界玉米市场对我国玉米产业的影响将更加直接。

随着我国对外开放的不断深化，很多跨国粮食集团加速进入我国，加速其产业布局过程。从玉米产业看，跨国粮商产业控制呈现出新的特点。由简单的资产并购演变为资本控制；由单个行业扩展为全产业链布局。在这样的背景下，跨国资本对我国玉米及相关加工产业的控制力不断加强，如果不对这种趋势加以必要的监测和防范一旦玉米产业被这些国际巨头所垄断，将对玉米产业及国家经济安全，造成严重威胁。

因此，本书正是基于以上背景，一方面在找出影响我国玉米产业安全的主要因素的基础上进行归类分析，建立指标体系模型评价分析产业安全现状及趋势；另一方面模拟分析国际玉米市场波动及我国玉米市场准入政策变动对玉米产业安全的影响。

二、本书写作目的

本书写作目的有两个：

一是在对产业安全理论深入理解的基础上，借鉴目前主流的产业安全评价指标体系，建立一套科学完整的评价方法，并对玉米产业安全状况进行评分、评级及预测。用以解释玉米产业安全历史变动规律及未来变化特点，为我国实施玉米产业安全预警机制提供依据。

二是从全产业链角度出发，通过模拟国际玉米市场波动及我国玉米进口准入政策变动两种情景下，对玉米种植、其他相关产业的就业及福利的影响。这些影响主要包括生产、消费、进出口及国民福利等方面。对于这些问题的剖析，为玉米产业发展制定相关政策提供依据。

三、本书写作意义

（一）理论意义

（1）丰富农业经济问题的视角。本书主要以外向型经济视角，侧重国际经济贸易因素变化对我国玉米产业安全的影响，所以在评价指标体系的设计上也着重考虑这一特点，将影响玉米产业安全评价分解为一系列指标群，包括产业国际竞争力指标、产业进口依赖指标、产业自给率指标、产业国内供给环境以及产业外资产业控制度五个部分，在此基础上，构建了玉米产业安全评价指标体系，从指标体系的设计上既考虑国内供给稳定因素，更多地从玉米贸易的全球视角着手分析问题。

（2）全面分析评价指标的变动规律。现有的农业产业安全评价研究多是采用静态评价，也有一些称为动态评价，但大都用近几年的数据直接评价，或用几年数据的平均变化率对数据进行推演分析，这种评价方法不能考虑经济及贸易周期性的影响，缺乏对指标值变化规律性的分析。本书使用多年的历史数据，通过对指标数据建立时间序列模型，既能对数据进行预测延展，又能充分分析各指标变动的规律性因素。

（3）完善产业安全领域的研究方法。应用 CGE 模型评估世界玉米市场波动及我国玉米进口准入政策变化对玉米产业安全的影响。国内对国际粮食价格波动的影响，大多数是从价格输入方面进行，没有进一步具体定量分析价格波动对相关产业的影响。另外本书对标准的全球贸易分析模型（GTAP）进行改进，增加关税配额模块[1]，模拟分析玉米进口准入政策调整的影响，此方法能够为其他产业分析进口政策调整提供借鉴。

（二）实践意义

（1）本书为合理评价我国玉米产业安全提供依据。本书构建的基于外向型经济的玉米产业安全评价指标体系、指标数据的预测与处理方法、各指标权重的确定方法，具有针对性和可操作性，可以为我国动态评价产业安全及产业安全预警提供思路。

（2）本书有助于理性分析我国玉米产业安全的现实状况，找出潜在问题，帮助我国玉米产业认清形势、应对国际挑战。本书所评定的我国玉米产业安全评分数据及安全等级，可以充分掌握我国当前玉米产业安全状况及未来变动趋势，为国家制定相应的政策和措施提供理论依据。

（3）本书有助于我国科学合理地制定玉米贸易准入政策。通过模拟国际玉米市场波动及我国玉米进口准入政策变动两种情景下，对玉米种植、饲料及其他相关产业的影响。这些影响主要体现在生产、消费、进出口及国民福利等方面。对于这些问题的剖析，为玉米进口准入谈判策略的制定提供依据。

第二节　国内外相关研究文献综述

一、国外研究文献综述

（一）产业安全保护方面

Adam Smith 在其经典著作《国富论》中提出保护民族经济的观点，如对外国船舶绝对禁止或施加重税，以保护国内的船舶市场垄断地位。这一思想成为产业安全理论的起源并成为许多国家制定产业保护政策的依据[2]。

Alexander Hamilton 在《关于制造业的报告》中提出，影响一国产业安全的薄弱环节是幼稚产业，并系统地阐述了如何保护民族产业，在此基础之上提出了保护幼稚产业的理论。这一理论首次提出了维护产业安全的关键因素以及具体措施[3]。

Friedrich List 在其著作《政治经济学的国民体系》中认为应运用关税措施来保护本国幼稚产业安全，并提出具体贸易保护政策。李斯特的观点被后人加以总结提炼，被称为"幼稚产业保护论"。幼稚产业保护论为各国保护弱势产业提供了参考与借鉴，现已成为一套科学并较为成型的理论。

James Mill 在《政治经济学原理》中指出，新开创的产业以及政府需扶植的产业，如果处在学习和试验的产业发展初期，应该实行保护措施，等到发展壮大后则应撤销保护。

Raúl Prebisch 提出了著名的"中心—外围"理论。该理论指出，发展中国家处于不利地位的原因是国际分工的不平等，并指出这个体系不被打破，发展中国家将很难取得突破性的发展。因此要想从外围崛起，则必须努力摆脱资本主义中心的控制。该理论使发展中国家理性分析其所处的地位并探索如何有效保护民族产业安全[4]。

B. J. Speneer、J. A. Brander、P. Krugman 根据新时期国际市场环境的变化进一步完善了产业保护理论。B. J. Speneer 指出在外国寡头垄断对本国民族产业展开不正当竞争的背景下，进口国可以利用减税政策保护本国相关产业，这些措施也能从外国寡头厂商提取部分垄断利益。J. A. Brander 认为在当时的市场条件下，国家应对研发费用实施补贴及进行其他政策支持，帮助企业在国际竞争中建立优势[5]。P. Krugman 提出了存在规模经济效应在市场以及可分割的寡头垄断的前提下，一国政府通过实施关税或者进口配额等贸易保护政策可以全部或部分地关闭本国市场起到保护本国产业的目的，并对竞争条件下出口补贴的政策合理性进行了深入分析[6]~[7]。这些论文分别从不同的角度证明，在规模经济和不完全竞争市场的某些条件下，一国政府可以通过实施进口保护政策和出口促进政策来加强本国厂商的优势及国际竞争力，从而实现垄断利润的跨国转移，使本国国民净福利增加[6]。

Samir Amin、Mike Davis 认为其结果是导致发展中国家出现普遍的农业产业安全危机。更为重要的是，这种普遍性的农业产业安全危机有可能剥夺千百万人口的生存权与取食权，这些被永久性排斥在经济体系以外的人口可能成为发展中国家未来产生政治经济危机的根源。因此，研究农业产业安全危机问题具有非常重要的现实意义[7]。

（二）粮食安全的内涵以及演变方面

Daniel Maxwell 认为国家粮食安全意味着一个国家内部的食品，如果均匀分布，足以满足人们的粮食需求，食物的可用性、可获得性及影响两者的风险构成了影响粮食安全的核心因素[8]。

Shahbaz Khan 认为自从世界粮食会议以来，粮食（食品）安全的概念经历了三个重要的迭代以及范式转换过程，分别是从全球及国家视角到家庭及个人，从食品视角到民生角度，从客观指标到主观感知。这种变化使粮食安全理论及政策更加合理[9]。

Fernando P、J. H. J. Spiertz Nitrogen、Marie T Ruel 认为粮食安全的分析更应以个人或家庭为单位。所以当前的研究应集中在以家庭为单位分析食品安全，权力和资源分配问题的分析则更专注于个人食品安全[10]~[12]；Simon Maxwell、H. Charles J、Bettina Baumgartner 指出食物支出普遍影响着个人以及家庭的收入资源的分配[13]~[15]。

H. smith、Eric Watkinson、Brambilla 从时间偏好角度论述粮食安全问题，认为当前人们挨饿有时是为了避免未来饥饿，人们很愿意忍受一定程度的饥饿，为了保存种子种植，培养自己孩子或避免出售动物。因此除了满足目前营养充足的目标外还应满足粮食安全以及可持续供给。还认为粮食安全并不仅指数量上达到一定额度，这维持了内部结构健康，使家庭能够正常面对危机，不至于威胁食品消费的实现水平[16]~[18]。

Bettina 认为仅以每人每天的营养供应是否充足来界定粮食安全不够准确。首先，营养充足的概念本身就标准不一。任何个人营养需求的函数都与年龄、健康状况、工作量、环境和行为有关。其次，热量的平均需求估计随着成人和儿童的活动模式变化而不断修订。最后，精确的热量需求估计因群体不同而变得十分困难。因为，所有的营养需求估计必须被视为价值判断，这样的营养健康"最佳"的状态带有很强的主观性[19]。

Franeois 认为粮食缺乏的状态，不仅指客观的状态，还涉及被"剥夺"的主观感觉，与粮食缺乏的客观状态相同，缺乏自尊的主观感受同样应作为一个定义贫困的元素[20]；Dietzenbaeher 认为粮食（食品）安全状态是指，一国的粮食（食物）供给系统能够给人民提供保障，使其不必担心粮食匮乏、食物缺乏，当他们处于贫困状态时，能够得到粮食救济，特别是生活在贫困地区的妇女儿童能够在粮食的可获得性方面得到保障[21]。

（三）粮食安全的评价方面

Fan 提出对粮食安全的评价应考虑四方面因素：粮食安全评价必须考虑个人的生理需求（营养需求以及能量消耗水平）；必须考虑、权衡食品及其他必需品之间的互补性（特别是医疗、教育、生产性资产、住房以及其他）；必须考虑人们消费随时间的变化，人们的看法以及如何应对这些变化（包括消费平滑）；必须反映不确定性以及风险（也就是说，粮食安全的评价必须抓住其脆弱性的特点，以及人们应对风险的看法和反应)[22]。

Chung 认为评价粮食安全最有效的指标应围绕着食物消费，衡量消费水平所需的数据通常包括：家庭食品消费、家庭的规模、家庭各成员的年龄、性别以及体重大小和活动水平。他还认为即使家庭成员平均体重及活动水平被假定，消费也应充分考虑满足粮食安全的生理性需求[23]。

FAO、Laura and Iulia、Brown 认为可以建立一组行为仿真方程，用以对饥荒情况的监测。并提出了需要谨慎推断行为转换的意义，即使针对同一种情况，不同家庭的应对策略也不尽相同。他们认为实验对象的应对行为成为永久性的，因此不再揭示短期的变化。进而他们将监测预警系统应对策略的数组分为了 8 种不同的类别[24]~[26]。

二、国内研究文献综述

我国学者对产业安全的研究起步较晚。起步于 20 世纪 90 年代，国内的相关文献基本上集中于以下几个方面。

（一）影响产业安全的主要因素

国内学者已达成初步共识，影响产业安全的因素可以分为外部和内部两个方面。外部威胁因素主要包括国外投资的涌入、在国内市场不健全的情况下国外优势商品的倾销与反倾销、经济全球化以及科技进步加速等；内部因素则主要是产业政策与产业周期波动等。

董银果认为，大多数的产业安全问题集中在跨国公司对后发展国家市场争夺和掠夺性投资，这种投机集聚将威胁一国经济主权安全[27]。

丁玉、孔祥智认为，外资企业通过兼并、收购等手段，凭借其技术、规模等垄断优势，建立独资或合资企业，使我国国内企业受到排挤，进而威胁产业发展，进一步丧失比较优势[28]。

曹秋菊认为，国外产品倾销造成我国上百亿美元的经济损失和大量失业，这不仅威胁传统产业，也不利于新兴产业发展[29]。

谢春凌、崔健和刘忠华从国际投资自由化角度研究了产业安全问题，指出我国出口产品遭受的反倾销诉讼事件逐年增加，严重危害我国出口产业发展和民族产业安全[30]~[31]。

景玉琴认为，相对于外部因素的影响，引发产业安全问题的关键因素往往在于制度环境存在缺陷，不适当的产业政策以及产业政策的波动对产业安全的威胁远大于任何外部因素[32]。

蒋志敏和李孟刚从产业空心化的角度分析新时期下影响产业安全的隐患。他们认为，产业空心化问题虽然起初主要集中在技术要素的空心化，但目前有向产业链上下游延伸的趋势，而产业要素的空心化的出现则进一步加剧了我国产业的空心化，因此产业空心化问题对我国产业安全的潜在威胁不容忽视[33]。

李孟刚是国内首个比较全面、科学地建构了产业安全理论分析框架的学者。该学者选择了一种产业安全问题的路径，即从传统国家安全理论直到产业安全预警体系的 8 个环节的产业链条结构。李孟刚认为应该以更为深刻的产业经济学视角来探讨产业安全问题。并且总结前人的研究成果，认为较为成熟的产业经济学理论体系包括：产业结构、产业组织、产业布局等。笔者认为该学者比较全面系统，他不仅从深刻的理论高度对产业安全的基本概念进行了准确归纳和界定，还创造性地提出了基于产业经济学理论框架的产业安全分类方法、产业安全影响因素以及产业安全理论模型等。

王培志、邓田生和刘慷豪指出，外资通过控制相关产业主导权，达到产业垄断性并购的目的，而这会阻碍产业发展，对东道国产业安全威胁巨大[34]~[35]。曹文等从外部影响因素出发，从外商直接投资、经济全球化等角度探寻原因[36]。吴玉萍认为影响产业安全的因素是在不断变化的，所以必须对影响产业安全的显性以及潜在要素进行全面分析整理，并对未来可能影响产业安全的要素进行前瞻预测以形成有效的理论分析框架[37]。

左世全认为，基于全球化的产业分工格局使发展中国家处于不利地位。由于无法抢占高端产业链，只能凭借廉价劳动力以及初级资源赚取微薄收益，这使发展中国家处于十分被动的状态，从而对产业安全造成了严重的负面影响[38]。

（二）产业安全对策

产业安全问题的出发点以及落脚点是为了防患于未然，发现薄弱环节，补短板、积优势，增强产业实力，从而保障国家经济安全。因此，我国学者积极探索，有针对性地提出了许多对策及建议。

张福军、刘晔认为，中国不仅要关注利用外资的数量及规模，还要重视外资流动的特点，以免外资投向在某一行业过于集中而发生垄断以引起产业波动，影响我国产业安全[39]。

欧阳峣、王耀中认为，贸易壁垒与恶性竞争已成为威胁我国产业安全的外部障碍之一，因此，仔细研究贸易规则、科学制定应对策略，对于避免在贸易争端中处于不利地位、维护产业安全具有很重要的现实意义[40]；蓝海涛则认为，从目前的趋势看，中国产品出口受到发达资本主义国家"双反"的威胁将愈演愈烈，因此中国必须充分利用 WTO 规则，主动出击有效保护我国企业的合法权益，主动发起反补贴行动，以防止跨国公司利用不正当竞争手段挤压我国企业[41]。

杨益认为我国当前产业安全领域出现的问题，决不能靠简单盲目地退缩与保护来解决。一方面，企业自身要有国际视野，充分研究出口国贸易制度、法规；另一方面，政府也要有针对性地制定保护外贸企业的措施[42]；王潇健和赵元铭认为外资企业有针对性地展开资本集聚和集中，增加了产业被垄断的风险，影响了产业稳定发展，必须制定保护产业健康发展的有效措施，包括颁布维护产业安全的法律法规、建立审查威胁产业安全行为的专门机构、监控外资恶意并购行为等[43]~[44]。

刘一飞认为中国应该抓住国际产业新一轮历史变革的机遇，政府应制定有针对性的政策，对发展潜力良好、但暂时遭遇困境的企业，在特定时期内给予必要的扶持，帮助其成长、壮大，为培植潜在的支柱产业做准备[45]。

卜伟、谢敏华应加强对进入我国核心制造业领域并进行并购的外资加强监控，避免因恶意并购威胁产业安全行为的发生[46]。

章玉贵认为在发达国家加强产业主导权争夺和资本控制的背景下，取得定价权和提升产业控制力，是未来发展的核心议题[47]。

（三）关于产业安全评价的实证研究

对于产业安全现存的实证研究表明，大多是对产业安全评价指标体系以及预警机制的研究，也有些是结合我国外贸环境变化为基础进行的分析。

何维达分析了政府规制同产业安全之间的关系，并利用其构建的产业安全评价模型对中国入世后中国三大产业安全状态进行实证分析；进一步对模型进行修正，并用改良的模型对中国若干产业安全状态进行了评价[48]~[53]。

史欣向、韩港等在深刻理解目前我国处于经济"新常态"的背景下，深刻分析产业安全概念的新变化，在重构产业安全理论框架的基础上，设计出一种产业安全评价体系，该指标体系模型包括 42 项三级指标。并用各种设计的指标体系模型对某一产业的产业安全进行评价[54]~[55]。

李红建立了产业安全评价指标体系，该指标体系由结构竞争力指标、国际竞争力指标、对外依存度指标、经济体制竞争力、控制力指标构成，在对各指标数据进行标准化处理的基础上，使用基于模糊类比评价法的 BP 神经网络模型，构建了中国产业安全预警模型[56]。

李孟刚完善了对外依存度指标，将外资依存度引入其中，并创造性的对产业金融环境、产业政策环境进行评价，使产业安全评级体系的组成更加科学合理[57]；王培志从主成分－BP神经网络模型出发，提出拟构建一种信息获取自动化、报警自动化、监控实时化的产业安全预警系统的构想，该系统一旦建成将为我国产业安全预警体系的机制更新与技术进步提供可借鉴的思路[58]；朱丽萌提出一个监测指标体系、检测指标体系、警情指标体系三位一体的产业安全预警机制，并在此基础之上建立了应对国外进口以及国内产业出口的产业预警模型[59]。

除此之外，余治利以"产业空洞化"理论为基础，对产业安全的内涵进行了深入剖析[60]；黄建军提出了威胁产业安全主要因素，他认为跨国集团海外扩张、产业国内外环境的恶化、行业规模不经济、错误的国内产业政策诱导等都会威胁产业安全[61]。

三、国内外研究综述述评

国外学者对产业安全的研究主要集中于两方面，一方面是关于产业安全保护政策领域，其中大部分集中体现在与此相关的贸易理论之中，特别是贯穿于贸易保护主义理论、保护幼稚产业理论中；另一方面则是对粮食安全相关问题的研究。综上所述，国外学者对产业安全的研究领域比较狭窄且尚未形成独立、完整的理论体系。

国内学者对产业安全的研究领域比较集中、研究思路有些单一。现有的研究大多较为宏观，既没有从微观角度深入对相关行业之内部进行研究，也没有充分分析贸易环境变化对产业安全的影响，缺乏有针对性的对策建议，理论研究缺乏统一的框架。在实证研究领域，对粮食安全的影响因素的概括较为全面。现有的农业产业安全评价研究多是采用静态评价，也有一些称为动态评价，但大都用近几年的数据直接评价，或用几年数据的平均变化率对数据进行推演分析，这种评价方法既不能考虑经济及贸易周期性的影响，也缺乏对指标值变化规律性的分析。本书使用多年的历史数据，通过对指标数据建立时间序列模型，既能对数据进行预测延展，又能充分分析各指标变动的规律性因素；另外国内对国际粮食价格波动的影响，大多数是从价格输入方面进行研究，没有进一步具体定量分析，价格波动对相关产业的影响，本书在标准的全球贸易分析模型（GTAP）基础上，借鉴关税配额政策处理方法，模拟分析玉米进口准入政策调整的影响，对于深刻理解外向型经济背景下，玉米产业安全的影响因素有一定的借鉴意义。

第三节　本书的主要内容、方法与技术路线

一、本书的主要内容

1. 玉米产业安全的概念界定和理论基础

首先，界定产业安全的概念、特性以及产业与产业系统的概念、特征、构成基础上，给出产业系统安全的一种分析框架；其次，从产业安全理论、农业贸易相关理论、市场准入及相关政策理论等方面阐述了本书分析所依据的理论基础；最后，从无量纲化、时间序列分析和模糊评价分析法阐述了玉米产业系统安全评价的方法基础。

2. 玉米产业安全的评价指标体系研究

在阐述评价指标体系设计原则的基础上，对有关指标进行定义，给出有关评价指标计算的数据来源与计算方法，在此基础上构建玉米产业安全动态评价指标体系。

3. 玉米产业安全的评价指标体系的指标获取、预测研究与时间序列分析

提出动态评价的评价方法，并提出各项评价指标数据的获取方法，应用实践序列分析法对指标数据进行预测及分析。在此基础上，指出指标数据无量纲化处理方法的优、缺点，确定本书所采用的方法，并对各

指标采取无量纲化处理。

4. 玉米产业安全的动态评价与分析

确定各评价指标的权重，并综合评价我国玉米产业系统，根据综评结果，研究外资产业控制度的变化规律及其发展趋势，产业进口依赖的变化趋势，产业国际竞争力的变化趋势、产业自给率的变化趋势以及产业国内供给环境的变化趋势。

5. 模拟方法以及研究方案的设置

首先介绍本书所应用的全球贸易分析模型基本原理与结构；其次根据模拟需要给出在 GTAP 模型中添加关税配额模块的处理方法；最后得出数据处理及分类方式并设计模拟方案。

6. 国际玉米市场波动对我国玉米产业安全影响的模拟分析

通过设置基期方案及两个模拟方案，分别模拟分析，国际玉米市场波动对玉米及相关作物生产的影响、涉及玉米的各产业部门的影响、涉及玉米各部门劳动力就业及收入的影响。

7. 玉米进口准入政策进一步开放对我国玉米产业安全影响的模拟分析

首先介绍我国玉米贸易市场准入政策及其调整过程，并分析其变化调整趋势；其次对配额外关税及进口配额的经济效应进行分析；最后分别拟定模拟方案，分析玉米进口配额调整及配额外关税税率调整对我国玉米产业系统的影响。

二、本书方法与技术路线

1. 定性与定量相结合的研究方法

在定性地界定产业安全的概念、特性以及产业与产业系统的概念、特征、构成基础上，给出产业系统安全的一种分析框架。

在静态评价及动态评价的基础上，构建了玉米产业安全综合评价指标模型，并运用模糊综合评价的方法定量地对开放经济条件下我国玉米产业安全进行评分及安全状态分析。同时，对玉米产业安全状态的变化趋势进行定性分析。在此基础上，提出提高我国玉米产业安全水平的对策和建议。本书第三章、第四章主要采用这种方法。

2. 系统分析方法

运用系统分析的方法从我国玉米产业安全这个系统出发，通过建立评价指标模型，对我国玉米产业系统安全状况进行评价，并对二级指标的变化趋势进行细致分析，为管理部门有针对性地制定相应的措施提供依据。第三章、第四章主要采用这种方法。

3. 时间序列分析法

在进行各指标值预测与推演时，通过构建时间序列分析模型，将指标值外推到统一的时间点。时间序列分析法，可以避免本书数据利用回归分析时的局限性，一方面可找出各指标变动的趋势，另一方面也为玉米产业安全水平的近期预测奠定数据分析基础。第三章指标数据的预测主要采用这种方法。

4. 理论分析法

主要运用经济学、国际贸易学相关理论，分析我国玉米准入政策及其调整对国内经济的影响，为实证分析提供理论依据。第二章的分析中主要使用这种方法。

5. 模拟分析法

运用全球贸易分析模型（GTAP），从一般均衡视角，通过设置冲击变量，拟定模拟方案，分别模拟分析，世界玉米市场波动以及我国玉米进口准入政策调整，对我国玉米产业及宏观经济的影响，为国家制定相关政策提供定量分析依据。第六章、第七章采取这种方法进行分析。

6. 本书的技术路线

本书的技术路线如图 1-1 所示。

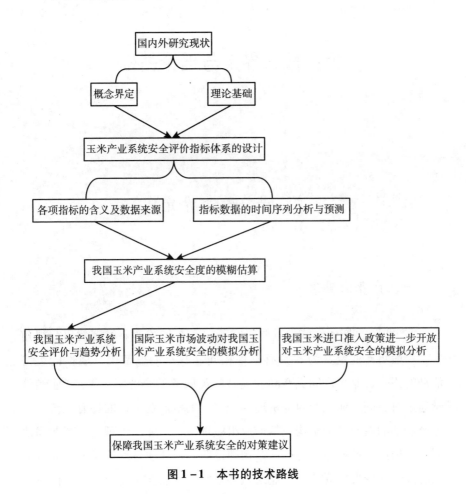

图 1-1　本书的技术路线

第二章

相关概念界定与理论基础

第一节 概念界定

一、产业的概念

"产业"是产业经济学重要研究范畴，在传统产业经济的研究视角中，一般将产业定义为"具有某种相同（具有明显替代）属性的经济活动的集合，是生产同类产品或提供同类服务的企业集合"。产业经济学通过对不同产业以及内部机理的研究，揭示产业运行的特有规律。产业经济学的主要理论架构包括产业组织理论、产业演进理论、产业间协同关系理论、产业布局与产业结构理论等。产业演进理论研究产业自身的阶段性演变发展规律；产业组织理论研究市场在不完全竞争条件下的企业以何种结构组织生产、参与竞争；产业布局理论主要是从地域性以及空间视角分析产业在某一地区协调发展的理论；产业结构理论侧重于产业间配置资源的研究；产业联系理论长于产业间技术经济联系剖析。固于传统研究思想，理论之间的割裂常常引致完整的理论体系难于形成。以产业组织理论为例，其分析方法基于制度经济学框架，其研究范式困于 SCP（Structure – Conduct – Performance Model，结构—行为—绩效模型，简称 SCP）模式；对于产业结构与产业布局方面的研究一般以总结—归纳式分析为主，缺乏理论提炼，因此该领域的研究往往门派众多，但缺乏严谨的支撑。虽然产业经济学研究已经取得了一些成绩，但是由于其自身研究领域众多，彼此的关联性不强，逻辑相关性较差，如此支离破碎的理论体系的确是产业经济学研究领域的问题之一。

事实上，对产业这一概念的认识不够全面是产业经济学理论内部条块分割的最主要原因之一。把产业界定为"具有某种同类（具有明显替代关系的）属性的经济活动的集合，是生产同类产品或提供同类服务的企业集合"，这一认识存在一些误区。第一，"同类"属性的经济活动从范围上无法准确界定，导致"产业"的概念本身的伸缩延展性较大，从三次产业的划分到某一个生产制造单位的具体生产经营行为，这些都可以称为"产业"。所以，产业概念的研究范畴不同，研究思路和方法自然有所不同。第二，把产业定义为企业的集合不够全面也不够准确。随着国外先进管理、营销模式的引入，新型企业组织形式层出不穷，尤其是近年来网络化组织、企业联盟等新型企业组成的出现，此时企业的生产或服务形式已不再是单一的简单结构，而是横向或纵向多个行业或领域拓展，甚至横跨全产业链、生产多种产品的复杂组织。那么，到底企业是产业的集合还是产业是企业的集合呢？显然当企业的概念已日渐模糊时，再用企业来定义产业就不再科学和严谨了。第三，按照传统的产业定义，这种定义主要是为了分析产业间横向的关系，也就是说传统的产业概念主要是为了界定不同产业之间的关系而存在。但是，当前用于分析产业间联系的投入产出理论也拓展应用于研究不同产业间的纵向关系，而且同一产业内部结构、组成及合成效率的研究十分必要。在当代，人们对产业的界定也因产业组织形式变化而变化。目前，人们将产业定义为相同类别产品的生产者的集合，也称之为有经济往来的企业集合。为此，我们可以看出，对于产业的定义随着时代的发展而被赋予了新的时代特色，更加符合当下的生产力快速发展的时代背景。现如今，产业被更多地从经济技术角度加以界定，这主要是由于现代产业离不开科学技术的发展、网络化的普及以及产业化新趋势。那么从这点出发来考查农业领域的产业就和现在提出的农业产业化概念相同。第四，以集合来对产业的组织间的关联进行定义，并无法十分清楚地对其中的内部组织结构、关联方式等进行说明。所以，基于以上的表述，我们认为，产业有着自身的本质属性，从多个经济组织间的系统构成来界定产业可能比仅仅以集合来界定产业要直观和准确得多，也更能体现产业的时代特色[62]。

为此，笔者认为产业是"围绕某一类具有共同属性的产品的全产业链而形成的具有竞合关系的多个经济组织构成的系统"，也叫做"产业系统"，组成方式上既有通过合作形成的纵向关联，也有企业之间相互竞争的具有替换性质的横向关联。从更宽泛的角度来讲，与产业运营环境有关系的因子也应涵盖在产业的范畴之内，例如政府职能部门等。我们可以看出，产业不但是经济实体组织的结合，更是一种密切联系的社会组织共同体。

二、玉米产业的概念、特征与构成

从对粮食产业安全的理解看，粮食产业安全包括需求安全、供给安全、品种结构安全和流通安全的各个方面，其不同组成部分是系统关系，相互联系、相互协同。因而，要想维护粮食产业安全就要统筹整个理论体系。从一个纵向角度观察，粮食产业安全应当关注整个产业链条。从种子、农药、化肥等粮食产业投入品，到粮食种植、粮食加工、储藏、运输、销售，以及政府的政策体系和公共部门，都应引起足够重视。

（一）玉米产业的概念

玉米产业的定义可通过上述的相关定义论述来构建。玉米产业可定义以玉米为核心通过技术经济联系密切相关的复杂系统，如企业、农户、个体家庭等。该集合主要围绕玉米生产、加工、流通、消费等环节而形成。当然，广义的玉米产业也涵盖了玉米生产服务的相关部门，如以玉米育种、玉米科研和科技推广为代表的玉米生产、物流、加工、管理等服务组织[65]。

（二）玉米产业的特征

基于上文的表述论证，正如产业具备系统的共性特征一样，玉米产业也具有所有产业系统的共性特点，当然也有其独特性，具有松散耦合的特征。

产业系统可以依据各子系统间的关系亲密度来区分为紧密型和松散型两种耦合系统。前者指各个子系统之间存在着的某种必然联系的确定系统。而后者指的是各个子系统之间存在着的某种必然联系的随机性系统。从系统论的角度来看，松散耦合的产业系统是由子系统随机组合，而紧密耦合的子系统多由"契约"和"联盟"的形式建构稳固的关系。可见，松散耦合系统内每个子系统大都只从自身利益出发考虑问题、做出决策，这种"各自为政"的子系统关系，难以形成产业合力以及实现整体利益，因此产业子系统间竞争关系往往大于合作关系；紧密耦合产业系统中的各个子系统相互间紧密关联而构成整体利益链，也就是说，整体效益实现的同时，个体利益也得以有效实现。换句话说，如果各子系统自身利益要想充分实现，也必须从产业整体利益出发考虑问题。

综上所述，玉米产业系统是一个由子系统结构形成的较为松散的松散耦合系统，彼此间的联系较为疏远。即使是各个子系统之间有关联，也是随机的和偶然的，且建立在竞争机制之上，所以说，这种系统中的各个子系统之间都是顾及各自的利益而未能从全局出发为整个系统考虑，势必会造成产业运营的不畅。

（三）玉米产业的构成

玉米产业是基于玉米籽粒为核心元素的产业系统，有玉米生产供应、流通和加工消费三大基本子系统。其中，玉米生产供应系统包含玉米国内生产和玉米进出口贸易；而玉米消费系统则包括若干子系统，如玉米食品消费、玉米饲料原料消费、玉米工业原料消费、玉米出口系统等子系统。根据研究需要，又可以对各个子系统进行进一步细分。

三、产业安全与玉米产业安全的定义

（一）产业安全的定义

目前，学术界对于产业安全的定义仍未形成统一，具有代表性的观点总结如下：

1. 产业威胁论

持有这种观点的学者较多，冯玉红、童志军、何维达、宋向党等人认为，外商直接投资对中国各个产业渗入趋势加剧，这将导致外资利用其在技术、资本、营销渠道及管理等方面的优势，利用其擅长的资本运作、并购兼并等方式，纵向或横向直接控制优势企业，并进一步达到控制一些比较重要的产业的深层次目的，这种由外资并购导致的产业控制将会对国家的经济安全或产业安全造成威胁[63]~[66]。于新东、马建会则指出，产业安全的实质是一种自主权，其含义是指某国能够独立自主的决定建立、调整、发展所有产业项目[67]~[68]。也就是说，衡量某个国家是否处于产业安全状态的重要依据是一国对其国内产业能否掌控创立权、调控权、调整权以及发展权。创立权是指某国对一产业实施创立、调整乃至最终达建立优势产业的权利。调控权指某国为适应政治、经济形势变化，可以随时根据产业发展需要的变化而对产业实施各种调控，以达到使本国产业可持续发展的目的。调整权主要包括主动实施产业结构调整、转型升级行使主导权等等。发展权则是指国家有权保障本国弱势产业、幼稚产业，对其进行补贴等扶持措施，产业发展权是国家产业安全核心指标之一[69]~[70]。

2. 产业竞争力论

夏兴园、景玉琴认为，产业安全是指一国产业能有效适应国内外各种复杂形势的能力，在不利因素的冲击下，能够具备良好的应变能力以应对各种挑战，最终实现该产业各部门的均衡协调可持续发展[71]~[72]。王允贵认为一个产业的安全状态，应主要从竞争力、控制力、可持续发展能力等方面来考察，认为如果某国资本对关系国计民生的重要产业以及核心领域具有掌控权、所有权，那么该产业就处于安全状态[73]。该观点主要强调的是，关系到国计民生的主要产业或部门的发展主要应依靠本国资本来发展。本国产业应具有自主知识产权以及核心技术，在国内外市场上具有技术优势以及国际竞争力。张立认为，产业安全是在世界经济一体化的趋势下，本国资本能够拥有较强的控制力，并且具有参与国际竞争和取得优势的能力，以及民族产业健康、可持续发展的能力[74]。

3. 产业权益论

产业权益理论认为，产业安全是一国国民享有的排他性权益，该国企业因为产业环境处于安全状态适合产业发展，因此能够获得发展的机会。因此，国外投资资本在某国获得的投资机会以及受益都会导致该国国民利益的损失，必须得到该国的授权以及许可。赵世洪、程恩富、张奋勤指出，产业安全是指一国在开放经济条件下，国家能否保护和捍卫本国的产业不受外来侵犯的能力[75]~[77]；谢莹的研究结论与前者基本相同，并进一步对产业安全状态界定为：在内外各种威胁、侵害的不利条件下产业权益不受侵害的状态[78]。

4. 产业层次论

有一些学者认为产业安全问题应从不同角度、不同层次给予分析。杨公朴研究表明：应从产业以及企业两个方面界定产业安全。从产业层次看，可以从两个角度进行分析，分别是产业之间的发展衔接能力以及经济联系；从企业层面来分析，应着重从三方面入手，分别是对支柱型产业的掌控力、该国资本对支柱性产业掌控能力以及对产业重要项目投资及发展趋势的控制能力[79]。李连成、张玉波从动态以及静态视角研究产业安全。他们发现：产业安全应该被定义为一个国家对重要产业以及关键行业的掌控力以及具有国际比较优势的可持续发展能力。掌控力是一种比较静态描述，发展力则是动态度量产业安全的关键[80]。景玉琴、朱建民、魏大鹏、万宝瑞也认为研究产业安全应从不同的角度出发，产业安全的研究视角可分为宏观以及中观两个角度。宏观研究角度是指一国相对有效的市场结构和市场行为可以由该国制度上的设计引导出，这种市场结构不仅能保持经济活力，且能形成核心产业的竞争力并拥有开放条件下不断发展存续的活力；中观研究视角下主要是从企业角度进行研究。从以上对产业安全的各种定义可以看出，这里所界定的容易受到侵害并需要重点保护的产业实际上应该是重点产业或关键领域的核心企业。这些产业应该是关系国计民生的战略性产业、支柱产业，还包括需要保护的前导性幼稚产业[81]~[83]。

综上所述，产业安全是指一国在参与国际竞争中，依靠自身努力，在公平环境中求得生存与发展的空间，避免某一地区的重要核心产业受到侵害，以充分保障该国国家利益以及国民经济利益的实现，最终实现经济健康可持续发展。产业结构调整权和产业发展控制权的丧失是威胁产业安全的最主要原因。

（二）产业安全的特性

1. 产业安全的动态性

当前很多学者从研究各国维护产业安全的实践中进行理论总结，认为影响产业安全的因素具有动态变化性和复杂性。从空间维度来看，产业安全问题主要受该国参与国际分工的地位以及产业结构空间转移的级次有关。从时间维度来看，产业安全问题主要与该国产业发展所处的阶段以及产业发展质量有关。因此在分析产业安全问题时，一定要注意产业所处的时空环境、产业发展状态以及该产业在国际上的地位等方面[84]~[86]。

2. 产业安全的战略性

一国的产业安全是实现一个国家安全以及经济安全的关键所在，它关系到一国的政局稳定以及经济可持续发展。要使国家经济利益不受严重侵害和威胁，就应当使本国关键性领域或关键性行业免于伤害。所以，只有把产业安全战略纳入国家战略中进行通盘考虑，才能在战略高度上去重视和研究产业安全问题，并从更长远、更系统的观点出发，得出维护产业安全的政策措施[87]~[88]。

3. 产业安全的系统性

产业本身就具有经济系统的特性，其安全问题要考虑影响产业系统本身的影响因素，从系统全局出发，统筹各方面因素形成自身处于安全状态的稳定机制；尤其需要注意的是，在开放经济条件下，系统各组成部分间的关系更加复杂，相互关联程度更高，这就给研究产业安全提出更高的要求。因此，研究产业安全一定要着眼于特定的产业系统，恰当选择评价指标，分析该系统内、外部影响系统安全各因素，最终才能得出切实可行的研究结论。

（三）玉米产业安全的定义

借鉴国内学者对产业安全的理解，本书认为玉米产业安全是指玉米产业的生存和发展不受威胁的状态，且具有应对各种（潜在或现实）危险的能力。从玉米产业的产业安全维护能力看，玉米产业安全主要包括以下三方面：

一是玉米产业适应力。玉米产业适应力是指玉米产业能够根据适应目前国际玉米产业形势，充分利用资金、土地等生产要素，通过不断进行技术革新、提高劳动生产率等方式避免遭受损害的风险。本书用玉米产业国内供给环境这一指标用于评价玉米产业适应力。

二是玉米产业竞争力。玉米产业只有不断提升竞争力才能从根本上维护自身安全。在产业安全领域，产业竞争力主要从一国产品在国际市场上所占份额大小的角度来分析。因此，用玉米产业国际竞争力指标来评价玉米产业控制力。

三是玉米产业控制力。主要是指玉米产业应由本国资本所控制，玉米产品的供应应该主要依赖于本国自主供应。用玉米产业自给率、玉米产业外资产业控制度指标以及玉米产业进口依赖指标来衡量玉米产业控制力。

第二节　理论基础

一、产业安全理论

（一）产业保护理论

1. 产业保护理论的内涵

各国政府一般以保护幼稚产业为理由设置进口门槛、限制国外竞争进入。汉密尔顿（Alexander Hamilton）最先提出幼稚产业保护理论（Infant Industry Theory）[89]，弗里德里希·李斯特（Freidrich Liszt）将该理论加以系统化，幼稚产业保护理论是贸易保护主义的基本理论，核心是认为应该对某些产业采取临时性的过渡保护、扶植政策，已达帮助弱势行业发展壮大的目的[90]。基本内容就是指如果某个国家的一个民族产业，还处于规模较小、实力较弱的初创时期，外国竞争者的进入会对该行业造成损害，国家和政府需要作为民族工业发展强有力的后盾，这时就应该放弃古典学派的自由放任原则，充分发挥政府调控的作用，采取阶段性保护政策，扶持其发展。

对幼稚产业的保护这种做法并不违背 WTO 的有关规则，因此成为各个国家尤其是发展中国家保护民族产业的通行做法，然而还是有很多学者对此提出质疑，认为传统产业保护理论强调主要以规避竞争来保护产业，此举从根本上不能达到保护弱质产业的目的，还会扰乱国际贸易环境。当前世界各国经济交往紧密，对幼稚产业保护理论的争论也更加激烈。因此，我们应对这一理论结合时代特征加以更深层次理解，赋予时代新内涵。

2. 产业保护的分类

产业标准按照分类标准的不同，有以下几种分类：

幼稚产业、衰落产业和发达产业是按照保护产业性质来进行分类的。其中，幼稚产业保护，即为对弱小且市场竞争力较低的产业的一种保护措施。衰落产业保护，即为技术含量较低的产业随着产业结构的升级而发展受限，比如在工业过快发展的国家对农业的一种有效保护，这种便属于衰落产业保护。发达产业的保护，即为对具有战略地位的，且能够显著带动国家科技产业飞速发展的产业的保护，这主要是基于国家战略高度来考量。

产业正保护、产业零保护、产业负保护的划分是基于保护实施效果而进行的分类。产业正保护又称积极产业保护，指的是产业保护中的积极成分比负面成分高，对产业的进一步提升和资源的优化配置起到了积极的影响和作用；产业零保护，指的是产业保护中的积极成分和负担成本持平，保护对产业的发展没有起到实质性促进作用，处于可有可无的地步；产业负保护又叫产业消极保护，指的是产业保护的积极成分和付出成本综合比对后，不仅没有达到优化资源配置的目的，反而带来了一些不利的影响，阻碍了产业的进一步提升。

一般产业保护、中度产业保护、深度产业保护是从产业保护的方式和程度来进行分类的。一般产业保护的方式目的是尽量帮助企业减少缴税；中度产业保护的方式是在帮助企业减少缴税额的同时还要对一些企业进行一定的收益补助；深度产业保护的方式较为特殊，指的是当企业受到不可抗力的影响而自身无力承担缴税额，且企业面临着倒闭和破产危机的时候，由国家出面来对企业的非生产性成本支付实施补助的一种有效措施[91]。

此外，还有一些学者将产业根据产业经济学理论，将产业保护分为产业组织安全保护、产业结构安全保护、产业布局安全的维护及产业政策安全保护等。

（二）产业控制理论

1. 产业控制力的概念界定

目前学界对产业控制力还未形成统一的定义。不同专家根据研究结论，对产业控制力以及产业安全做出不同的解释。王允贵认为，本国资本对影响国家安全的重要经济领域与部门的掌控权是判断产业安全的重要标志[92]。于新东运用产业控制力理论对产业安全进行分析，在他看来，产业安全就是国家对产业的自主调控、建设和布局权，只要一个国家有对产业有独立自主控制权，那么产业安全就有保障。而产业安全衡量标准则有创立权、调整权、控股权和发展权等四维要素来衡量[93]。张立认为产业安全的定义就是一个国家为了在竞争激烈的国际竞争中胜出，从而为其发展积累资本和增强续航的能力。虽然学界对产业安全没有统一的界定，然而在一个国家对该产业有绝对控制力的情形就认为该产业是安全的这一点上，保持了高度的一致性[94]。在笔者看来，李孟刚对产业控制力的详细阐释更趋于合理和客观。李孟刚认为产业控制力主要是外资产业能够对东道国产业形成制约，或者说能够影响和削弱东道国的产业，从而造成的产业安全问题。产业控制力其实就是外资产业和本土产业在控制力上的较量[95]。有了竞争的机制引入，就对某种产品的最终定价造成了一些影响，从而会影响到整个产业的安全。除此之外，产业大方向的调整也要在产业控制的基础上来保障产业安全。

2. 产业控制力在产业安全体系中的地位

从产业发展的历史路径轨迹来看，产业安全体系具有鲜明的层次性。一个国家在某个历史时期有着资源上得天独厚的优势，从而使得它在竞争中可以以更低的成本来占有市场，具备很强的市场竞争力。假如该产业发展尚不成熟，就需要政策来实现产业安全保护。随着该产业水平不断提高，源于技术创新的核心竞争力不断增强，使该国能够在国际市场上竞争力增强。产业在增强自身研发手段和技术的同时，其行业认可度也得到了进一步的提升。这就使得品牌效应越来越强，市场占有率和产业控制力也不同程度地得到了提升。一个国家对某一产业的控制力主要体现在定价权的掌控上。当产业处于安全状态的时候，那么势必会在更高级别上提升产业的竞争力，有利于保持并进一步提高产业竞争力。因此，产业控制力在产业安全坐标体系中处于重要地位，是产业安全的核心和重要边界。

（三）产业国际竞争力理论

1. 产业竞争力的内涵

产业国际竞争力的相关理论著述颇丰，但近年来的主要成果集中在评价和理论模型两方面。世界经济论坛联合瑞士洛桑管理发展学院对国际竞争力进行了迄今为止较为准确的界定。他们认为，国际竞争力的概念是指一个国家或企业在与同行业竞争对手、国际竞争对手的博弈中能够创造出更多的财富，其实质是竞争力过程与竞争力资产的融合。产业国际竞争力即为一个国家和其他国家在公平、公正和自由的前提下在产业生产率、产品价格、产品质量和竞争力、获得的利润等方面的综合比较。所以，基于产业竞争力含义的理解，竞争力的本质在于比较，这就使得产业竞争力也包含比较的内容和比较的范围两个大的方面。也就是说，产业竞争力核心的内容就是产品、企业等的优势竞争力，就是产业的比较生产力。而比较生产力的概念是企业或产业能够采用更为有效和吸引消费者的方式来吸引顾客持续购买产品，并获得利润的综合能力。由此可以看出，产业竞争力属于区域范围内的比较。所以，在分析产业竞争力的时候，就要考虑到区位优势、产业集聚和转移等对经济发展有着至关影响力的要素。国家、地区、产业、企业和产品是研究国际竞争力的五大层次。而比较优势和竞争优势是产业国际竞争力核心的理论构成部分，前者在于低层次竞争力的比较，而后者在于高层次竞争力的比较。

2. 产业竞争力的"钻石模型"

钻石模型是迈克尔·波特教授首次提出的，钻石模型用于分析某产业具有竞争力的原因。波特认为，决定产业竞争力的关键因素有四个方面：生产要素、需求条件、相关产业和支持表现、企业的战略、结构、竞争对手的表现。在第一个要素中，囊括有基础设施、资本、自然资源和人力资源。第二个要素主要指的是本国市场的需求；第三个要素主要指的是产业及其相关的上游产业国际竞争力如何。在波特看来，上述四个要素间的双向互动作用，使得在它们之外还有两大变数对这个"钻石体系"构成了一定的影响，即政府和机会。政府的宏观调控政策必须仔细解读，而机会有时可遇不可求的。上述六个因素构成了菱形结构图，表示了它们对国际竞争力的影响及其相互之间的关联，因此也叫"钻石模型"理论[96]。

3. 产业竞争力的"圆轮模型"

波特教授提出"钻石模型"之后，许多学者将"钻石模型"从不同的角度出发做出了不同理解。世界经济论坛、瑞士洛桑管理发展学院认为，技术能力、国际一体化标准、基础设施建设、政府和企业的管理水平、经济实力、国家的金融环境和国民素质都对一个国家的国际竞争力构成了决定性影响。

在总结上述理论的基础上，李创提出了研究分析产业国际竞争力的"圆轮模型"。该模型将影响产业国际竞争力的因素分为内因与外因。其中内在因素为市场、资源、管理和科技；外在因素为政府、环境、相关产业和其他不确定因素。外因和内因通过上述的各个要素相互作用，彼此牵连，共同对一个国家的产业国际竞争力起到了影响作用，由于形似车轮而被誉为"圆轮模型"。可见，在对任何一个国家的国际竞争力进行分析时，都要从内因和外因两方面来加以考量[97]。

（四）产业损害理论

1. 产业损害的界定

中华人民共和国商务部产业安全与进出口管制局认为产业损害指的是国际贸易中，无论是出口还是进口商品，与劳务都会对该国的本土产业的进一步发展提升构成巨大的潜在威胁，势必会对本土的产业繁荣带来不利因素，更有可能导致本土产业的消亡。因此国际贸易中各国都将产业损害视为一国反倾销认定中的最关键要素，同时也被视为出口国是否对进口国倾销（一国或地区的出口经营者以低于国内市场正常或平均价格甚至低于成本价格向另一国市场销售其产品的行为）行为的重要界定基础。

2. 产业损害的成因

（1）倾销对进口国相关产业的直接损害。倾销商品对生产与倾销商品相同或类似商品的企业具有很大的杀伤性，可以直接冲击甚至挤垮国内相关企业。由于倾销商品的低价格，会使得进口国同行业的产品受到威胁，甚至直接被淘汰出市场，从而改变了进口国居民的消费倾向。为此，正是由于倾销商品会使得进口国的同类产品的利润下降、企业遇到较大的竞争力，甚至部分企业会犹豫无法应对国际竞争力而关门大吉，为此，进口国一般会对倾销产品在幅度和数量上加以控制，避免对本土产业造成过大的冲击。

（2）倾销对进口国相关产业的间接损害。倾销商品与进口国的同类商品不直接构成损害关系。但是，正是由于倾销商品的价格低的优势，会吸引大量的消费者，从而导致本土同类产业的利益受损。

（3）倾销对进口国消费倾销商品产业的损害。进口倾销商品的进口国，一定是收到了低廉价格的蛊惑而大量进口该商品，并且在错误信息指导下，盲目扩大生产，导致一旦离开倾销商品，本土同类商品也无法满足本国居民的消费的现象，从而导致资源无法得到合理优化配置。

（4）倾销对进口国生产相似产品产业的损害。就算倾销商品和本土商品拥有同样的市场占有率，但是也由于倾销商品的挤压而丧失了一部分的发展机会。

二、农业贸易理论

（一）保护贸易理论

保护贸易与"自由贸易"思想是完全相反的一种思维。主要代表性理论有汉密尔顿的保护关税说，李斯特的保护幼稚工业论，以及保护贸易、战略贸易理论等。这种理论主要利用国家权力，借用高额关税手段和其他限制进口的措施，保护本国市场和产业，以免于外来竞争。第二次世界大战后，保护贸易在部分发达国家得以全面推行，部分发展中国家出于保护本国弱势产业的目的，也实行贸易保护措施。

（1）汉密尔顿的保护关税说。该理论是汉密尔顿于 1791 年向美国国会提交的《关于制造业的报告》中首先提出。其重要主张是：建议实行保护关税政策，以鼓励幼稚工商业发展。汉密尔顿主张有选择地对进口商品征收高关税。所谓有选择是指对本国具有独立生产能力且有自主选择权、但竞争力弱小的商品施行进口限制政策。汉密尔顿的保护关税说的提出标志着保护贸易理论的初步形成。

（2）李斯特的保护幼稚工业论。德国著名经济学家李斯特，全面继承并进一步发展了汉密尔顿的保护关税学说。他在其著作《政治经济学的国民体系》（1841 年）中指出：实行保护贸易政策是发展生产力的诸多措施中最为重要的一项。李斯特借用历史主义的方法，并提出经济发展阶段论，主张一国对外贸易政策要随其经济发展的不同阶段而调整变化。同时，为保护幼稚工业，他主张通过国家干预，保护本国贸易。

（二）战略贸易理论

战略性贸易理论由克鲁格曼（P. Krugman）、布兰德（J. A. Brander）以及斯潘塞（B. J. Speneer）等学者于 20 世纪 80 年代初期提出来的。斯潘塞认为，在外国寡头垄断对本国民族产业展开不正当竞争的条件下，进口国政府可以实施保护性关税措施扶持本国产业，进而从垄断利益中瓜分部分垄断收益。这篇论文开启了战略性贸易保护理论研究热潮。伯兰特认为许多国家对国内厂商的研发费用实施补贴政策，用以在国际竞争中建立优势，提出用以解释在不完全竞争的市场条件下，政府实施用研发费用补贴以及进行其他政策干预的相关论点[98]。克鲁格曼认为存在可分割的寡头垄断以及规模经济市场的前提下，一国政府通过实施关税或者进口配额等贸易保护政策可以全部或部分地关闭本国市场起到保护本国产业的目的，由此克鲁格曼进一步完善了战略性贸易理论[99]~[100]。1985 年，伯兰特和斯潘塞在另一篇论文中对不完全竞争条件下出口补贴政策的合理性进行了深入分析[101]。这些论文从不同的角度证明，在规模经济和不完全竞争市场的条件下，一国政府可以通过实施进口保护政策和出口促进政策，来加强本国厂商的优势及国际竞争力，利用垄断利润的跨国输出，使本国国民净福利增加，因此该理论又被称为"利润转移"理论。尽管有些专家对战略贸易理论的可行性提出质疑，但由于战略贸易理论证明了贸易干预的合理性以及市场结构的关注和倡导，所以被政府决策部门高度重视。

农业是国民经济的基础，"三农"问题的解决关系到我国全面建成小康社会的重要战略部署。玉米是我国最重要的粮食作物之一，延伸较长的产业链，玉米产业的健康发展对于我国实现粮食安全战略以及农民增收具有重要的意义。在贸易自由化的背景下，我国玉米产业正面临进口玉米的严峻挑战，有很多问题传统的贸易保护理论都无法解决，战略贸易理论对我国进一步完善玉米产业政策具有一定的指导意义。在WTO 的规则框架下，加大对玉米产业的扶持力度，对于保护我国玉米产业具有重要意义。

（三）农业保护理论

在第二产业、第三产业发展迅速的现代社会，农业往往是被忽视的对象。而农业本身又很难摆脱其靠天经营的自然属性。在经济全球化的背景下，农业更显得弱势。由于农业的特殊属性，格外需要保护，由此经济学家们提出以农业弱质性理论为核心的农业保护理论。

1. 农业弱质性理论

农业弱质性理论认为农业的弱质性根源于农业的自然性，这主要表现在以下几方面：

一是农业面临较大的自然风险。由于农业"靠天吃饭"的属性，农产品的数量与质量同气候等自然条件高度相关，因此具有偶然性以及不确定性。

二是农业面临较大的市场风险。由于农业生产有很长的周期性特征，无法根据市场需求快速调节，因此个别年份"丰产不丰收"与"有效供给不足"就时有发生。另外，由于农产品是基本生活品，生活水平的提高，使农产品的需求弹性远远小于供给弹性[102]，使农产品在买方市场中处于不利地位，比较收益较低，与工业产品的价格剪刀差长期存在，农业与工业领域的同工不同酬现象比较普遍。由此可见，农业弱质性理论和保护幼稚产业理论在内涵上有相似之处，因此很多国家把其作为农产品贸易保护政策的依据。

2. 农业多功能性理论

在 20 世纪 80 年代末和 90 年代初，日本学者首先提出了农业多功能性的概念，以此来使本国的稻米能够在美国等大型农产品出口国的竞争中胜出[103]。1992 年，《21 世纪议程》的 14 章指出农业的基本职能是在保障农民利益的前提下为国家提供粮食储备和生产原料。同时，农业也涵盖经济文化政治和社会环境的多方面的可持续乡村发展，所以，必须在根据具体国家和地方的具体情况的分析比对基础上，来从经济社会环境和效益、成本等方面进行综合考量，并在此基础上制定做出正确的决策来保障农业的各方面的协调发展。

纵观历史发展的脚步，农业对于人民基础生活的保障、提供农林牧副渔产品等方面起到了关键性作用；与此同时，农业还可以为国家提供富足的劳动力，在稳定社会平衡的同时，也提高了农民的收入，促进了国民经济的良性发展。也有助于在农业基础上来大力发展工业，进一步缩小城乡差距，提高农村的居住环境，为后代的进一步生存发展创造良好的生存空间，除此之外，还可以大力开展文化娱乐互动，在使得人们农忙之余可以有效进行精神愉悦活动，进一步提升自身的文化素养和丰富自身的业余生活[104]~[105]。同时，由于农业产出的公共产品属性，农业生产也为市民提供休闲度假的场所以及优美的环境，进而增加国民的整体福利水平，这就为一国农业保护提供了理论支撑。

农业多功能性的概念也存在一定的争议，对它的争议主要是由于欧盟和日韩等想要借此概念的争议来使得自身的农业得到保护，农产品市场不受到威胁，而美国和凯恩斯集团对此非常反对的意义也在于避免使得自己推行的农产品自由贸易受到阻挠。虽然美国一些专家不支持农业多功能理论，但很多亚洲和欧洲国家对这一理论都表示支持。

在农业贸易谈判中，中国应联合其他发展中国家共同应对欧日韩等经济体的贸易壁垒，为我国农产品的出口赢得更多的发展空间；此外，反对与贸易挂钩，坚决支持农业的多功能性。我国政府应尽快转向明确支持农业多功能性的立场，或者分阶段逐渐转向这一立场。我们可以一方面努力提升我国农产品的质量，争取更多的国际影响力和竞争力，另一方面，应该对我国的农产品质量标准进行升级，以限制对农产品的进口。就现在而言，我国也不能对如何提高农产品的质量以及如何抑制倾销产品等问题上有丝毫的放松，必须根据具体情况，及时做出应对。

三、市场准入理论

(一) WTO《农业协定》对市场准入政策的相关规定

市场准入是指一国接受他国出口的进入我国市场的程度许可的国家政策，由于在此领域普遍存在贸易壁垒，从而引起世界各农产品市场的扭曲。为此，在乌拉圭回合谈判中，加大农产品进口准入力度的协定，由此来促进农产品贸易自由化的实现。这些政策措施主要包括关税、关税配额和非关税壁垒（配额、许可证等）。在谈判中逐渐达成共识即主要从两方面逐渐放开市场准入的条件：一是各成员方要将非关税壁垒关税化，规定各成员国应逐步取消非关税措施，将所有非关税措施关税化。二是关税削减承诺，即作为 WTO 成员必须承诺在一定协议期内分阶段对进口玉米实施进口关税减让政策。

(二) 关税配额政策

1. 相关概念

关税配额制度是在经过乌拉圭农业谈判的磋商，确定的一系列市场准入的政策措施，实施关税配额政策的目的是为了农产品贸易的非关税壁垒关税化，关税配额实质上是一种复合关税制度，即配额内征收较低的关税，而超过配额将征收高标准的关税。关税配额与绝对配额有所不同，绝对配额是超过配额的部分将完全禁止进口，而关税配额政策则规定，超配额的部分可以进口，只不过要征收超额关税，这实际上起到了限制进口的目的。所以关税配额政策对进口数量的限制性弱于绝对配额政策。此后，关税配额政策被各国政府广泛使用来制定相关贸易准入政策控制农产品的进口。我国按照入世时承诺对小麦、玉米、大米、棉花等商品以及部分食用植物实施关税配额政策，截至 2006 年已经完全放开了食用植物油的进口限制。

2. 关税配额政策的政策效应

关税配额实质上是一种复合关税制度，"复合"意味着两种关税政策的叠加，即对配额内与配额外实施不同的进口关税标准，配额内征收较低的关税，而超配额将征收高标准的关税，由于进口数量不同税额不同，其经济效应也有所不同。

如图 2 - 1 所示，T_{in}、T_{out} 分别表示为配额内关税率以及配额外关税率。P_w、P_d 分别表示国际市场价格和国内市场价格。μ 用来表示配额约束下进口每单位玉米所产生的租金即配额组，μ_m 表示 μ 的最大值。在图 2 - 1 中，纵轴为价格，横轴为进口的数量，D_1、D_2、D_3 分别为进口需求小于配额、等于配额以及大于配额的三种不同的进口需求曲线。

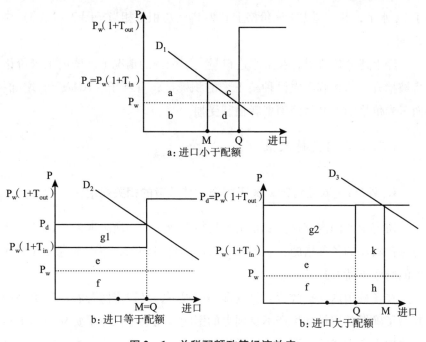

图 2 - 1 关税配额政策经济效应

当进口数量 < 进口配额时，如图 2 - 1（a）所示，由于进口数量在

配额之内，此时关税配额政策仅相当于普通关税，没有配额租产生。进口玉米税后的价格 P_d 等于玉米国际价格 P_n 加上配额内每单位玉米的税收 T_n 即 $P_d = P_n(1 + T_n)$；当进口 = 配额时，此时会有配额租产生，因此导致国内价格 P_d 被提高。在图 2 – 1（b）中，当进口数量 = 配额时对应的进口玉米的需求水平为 D_2。在玉米进口配额政策的约束下，由于进口关税加重了配额外玉米进口的成本，玉米进口数量是有限的，玉米进口商为争夺成本较低的配额内进口玉米份额将展开竞争，因此会产生配额租（单位商品租金用 μ_1 表示）带动国内玉米价格上升至 P_d。此时国内玉米价格 P_d 是由国际玉米价格（P_w）加上单位进口关税以及配额租金率（μ_1）组成。此种情况下总配额租为 gl，关税收入为 e。由于进口配额的限制，尽管进口需求的扩张，但关税的收入是不变的，只是租金率会发生相应的增长；当进口数量 > 配额时，见图 2 – 1（c）进口需求处于 D_3 水平，此时国内玉米价格上升为 P_d。总租金相当于图 2 – 1（c）中 g2 面积。

经上述分析可见，在玉米进口量大于配额的情况下，国内玉米价格将被抬升，这将刺激农民种植玉米的积极性，有利于农民福利的增加；而玉米价格的上升将使消费者福利受损。

（三）国内支持政策

1. WTO《农业协定》关于国内支持政策的相关规定

协定中的国内支持主要是指为扶持农业生产，所采取的一系列支持与保护农业的各种措施，主要包含农产品价格补贴、生产者直接补贴在内的财政支持方式[106]。

在各种国内支持政策名目繁多的前提下，乌拉圭回合农产品贸易谈判为了确保其贸易和生产不受到大的影响，而书中探讨了贸易和非贸易扭曲性生产方式的不同，并最后将其划分为两大类：第一类是绿箱政策（green box policies），是指不发生贸易扭曲并且可适当做出减少承诺的政策；第二类是黄箱政策（yellow box policies），这类政策会发生贸易扭曲。

（1）绿箱政策。

绿箱政策是 WTO 成员方对农业实施支持与保护的重要措施。理论界把为乌拉圭回合农业协议规定下的一些不用做出减少承诺的国内支持政策的集合，称为绿箱政策，是政府通过服务计划，提供没有或仅有最微小的贸易扭曲作用的农业支持补贴。根据《农业协定》规定，绿箱政策囊括的补贴如下：粮食安全储备、农业资源储备、收入保险计划、粮食援助、自然灾害救助、地区资助、农业环境保护、农业结构调整投入、与生产脱离的项目以及农业科研、农业培训、咨询和检验、基础设施建设的一般农业服务等[107]。

（2）黄箱政策。

黄箱政策是按照协议规定对影响产品生产和贸易的政策的一种总称，主要包括价格、面积、营销贷款、牲畜数量和肥料等投入等补贴形式[108]。

《农业协议》提出各个成员方境内农业支持率的最佳衡量标准——综合支持量，并要求以此为尺度，逐步削减补贴。此外，《农业协定》也进一步规定了允许一国存在微量许可的黄箱支持措施。在综合支持总额小于该产品农业总产值的5%的前提下，发展中国家比例为10%，就不需要减少它的国内支持[109]~[110]。

《农业协定》对发展中国家农业给予特殊照顾，甚至将农业投资补贴等也纳入削减的范畴之内，主要是为了对资源匮乏的生产者、低收入群体，以及不生产违禁麻醉品而提供的一些政策倾斜。

2. 国内支持政策的经济效应分析

以下主要从直接收入补贴和生产性补贴（主要是对农业生产资料的补贴）两方面来分析国内支持政策的经济影响。

（1）直接收入补贴的效应分析。

农民需要购买农业生产资料以及生活必需品。如图2-2所示假设农民仅在市场购买两种商品（生产资料 A 以及生活必需品 B），在收入水平既定的前提下（y_1），按照效用最大化原则，农民最多可购买生产资料以及生活必需品的数量分别为 A_1 以及 B_1；在增加补贴的情景下，在物价水平不变的前提下，由于农民可支配收入的增加，将导致农民购买商品数量的上升，生产资料数量增加至 A_2，生活消费品的数量增至 B_2，效用水平升至 u_2。可见，针对农民实施直接补贴政策，能够增加农民的福利。直接支付增加了农民收入，进而导致农民收入水平的提高，而收入提高会增加农民购买生产资料的数量，并进而促进玉米的生产[91]。

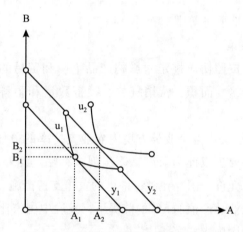

图 2-2　直接收入补贴政策的经济效应

（2）农业生产投入品补贴的效应分析。

农业生产投入品补贴就是针对农业生产资料和物资产品等农业投入品实行的补贴。主要包括种子、化肥等直接生产资料，也包括农业器械等生产工具等的补贴。

如图 2-3 所示，假设农民只需投入两种可变生产要素 X、Y 进行农业生产。q 与 AB 分别为农产品的等产量线以及等成本线。A_1B_1 为无政府补贴情况下农民生产的成本线，在此成本约束下，投入 X_1、Y_1 数量的两种生产资料，此时农产品产出在 q_1 处达到最大值。假设政府仅对一种农业生产资料 X 进行补贴，由于农业补贴降低间接降低了生产资料 X 的成本, 农民会扩大对 X 要素的投入。

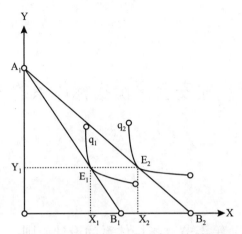

图 2 - 3 农业生产投入品补贴的经济效应

再假设其中一种生产资料例如 Y 投入不变的情况下, 另外一种生产资料 X 增加投入, 由 X_1 增至 X_2, 由此农民的支出将会减少, 补贴后的等成本线则由 A_1B_1 右移至 A_1B_2, 由于成本降低, 农产品产量将由 q_1 增加至 q_2。由此可见, 增加对那些重要农业生产要素的补贴, 有助于降低农业生产成本, 鼓励农民生产的积极性, 从而促进农业生产。虽然增加对农民直接支付的力度往往能达到促使农民对农业生产追加投资的目的, 间接地促进农业生产, 但由于直接支付资金的用途难以有效规范, 农民会将补贴资金用于改善生活, 因此直接补贴的作用会大打折扣。

第三章

玉米产业安全评价指标体系的设计

第一节　指标体系的设计原则

影响玉米产业安全的因素有很多，根据本书的侧重点，只选取与本书直接相关、高度契合的指标，建立开放条件下我国玉米产业系统安全综合评价模型，从贸易依赖的角度找出影响玉米产业安全的主要因素及其变动情况。从历史的角度，将各个阶段的制约因素进行总结，以找到其中的规律性，这对于进一步制定玉米产业发展政策具有一定的指导意义。

建立玉米产业系统综合评价模型是一项需全面考虑的复杂工作，既需要客观考虑开放经济条件下影响玉米产业安全的主要因素，科学系统的选取评价指标，也需要主观选择评价的方法，才能达到科学性与合理性的统一，所以在设计综合评价体系时需坚持以下原则。

1. 科学性原则

由于产业安全是需要多学科交叉研究的新兴领域，而且其理论体系尚未成型，国内外学者对产业安全的理解也不尽相同。因此在指标的选取上特别需要注意，科学分析各指标存在所依托的理论基础，满足产业经济学理论范式，每个指标的概念界定都应该准确、清晰并可量化，能够从一个层面反映评价对象的主要特征、发展趋势和主要问题。而且在实际操作过程中也应灵活运用、适当调整。真正做到科学性、合理性和可操作性的统一。

2. 系统性原则

指标的选取要满足各指标具有严密逻辑性和层次性的特点。首先要注意指标体系的定位，既能反映评价系统内各因素之间的关系，又可准确反映因素与系统目标之间的客观关系；其次要关注各指标之间是否有逻辑关系，各指标之间是否能编织成一个网络结构，让本研究体系跃然纸上[92]。

3. 可操作性原则

除了关注指标体系的科学性和系统性之外，在具体操作过程中要做到指标设计具有可操作，在逻辑严密系统的基础上，也能具体操作实施解决实际问题。玉米产业系统比较复杂，涉及的产业部门较多，受时间空间等因素的影响较大，因而如何兼顾科学性和可操作性，既能对各指标进行客观的衡量，又要关注指标的可获得性，易于量化，便于操作，是十分重要的。

4. 可控性原则

产业安全评价的目的不仅仅在于分析判断玉米产业安全与否，更重要的是抓住影响产业安全的关键因素，维护我国玉米产业安全。因此各个指标应该具有可调控性，通过对关键指标的调控维护我国玉米产业安全。

5. 前瞻性与指导性原则

前瞻性和指导性是指，指标的设计既要能把握现代农业的基本特征和发展趋势，科学分析、研判、把握当前以及未来影响产业安全的主要因素，并将其反映到指标体系之中。

第二节　评价指标体系的设计

经济开放条件下玉米产业安全系统安全评价指标体系，除考虑国内玉米产业的影响因素、产业结构以及发展情况外，更应把国际经济因素对产业安全的影响纳入其中，从而构成玉米产业系统安全评价体系，主要包括玉米产业进口依赖指标、玉米产业国际竞争力指标、玉米产业自给率指标、玉米产业国内供给环境以及玉米产业外资产业控制度五个方面。

根据产业安全的含义，从系统的视角，主要考虑外向型经济对产业的冲击以及产业安全评价特点的基础上，有针对性地阅读相关资料并征询产业安全领域专家的意见，最终设计出了经济开放条件下我国玉米产业安全评价体系，如表 3 −1 所示。

表 3 −1　　　　　玉米产业系统安全评价体系

总指标	一级指标	二级指标
玉米产业安全评价体系	产业进口依赖指标	玉米进口依赖系数 x_1
		玉米进口国别依赖系数 x_2
		玉米副产品进口增长率 x_3
	产业国际竞争力指标	国际市场占有率 x_4
		贸易竞争力指数 x_5
		规模优势指数 x_6
		效率优势指数 x_7
		产业价格竞争力指数 x_8
	产业自给率指标	玉米总产量年增长率 x_9
		玉米库存变化率 x_{10}
		玉米价格变化率 x_{11}
		国内玉米种子控制率 x_{12}
		玉米库存消费比 x_{13}

续表

总指标	一级指标	二级指标
玉米产业安全评价体系	产业国内供给环境指标	劳动力素质 x_{14}
		劳动力成本 x_{15}
		玉米生产价格指数 x_{16}
		资金成本 x_{17}
		资金效率 x_{18}
		玉米供给消费比率 x_{19}
		玉米消费量变化率 x_{20}
	产业外资产业控制度指标	外资市场控制 x_{21}
		外资股权控制 x_{22}
		外资总资产控制 x_{23}

　　从表 3 - 1 可以看出，玉米产业安全评价模型由 5 个一级指标、23 个二级指标组成。从结构中可以看出，该评价指标体系，主要考虑国际因素对我国玉米产业安全的影响，因此，5 个一级指标中有 3 个是国际贸易因素指标，与本书的研究视角高度契合。

　　产业进口依赖指标共有三项：玉米进口依赖系数、玉米进口国别依赖系数及玉米副产品进口增长率。

　　产业国际竞争力指标有五项：国际市场占有率、贸易竞争力指数、规模优势指数、效率优势指数及产业价格竞争力指数。

　　产业自给率指标包括玉米总产量年增长率、玉米库存变化率、玉米价格变化率、国内玉米种子控制率、玉米库存消费比等五项。

　　产业国内供给环境包括七项指标：劳动力素质、劳动力成本、玉米生产价格指数、资金成本、资金效率和玉米供给消费比率、玉米消费量变化率[111]。

　　外资产业控制度指标包括：外资股权控制、外资市场控制、外资总资产控制三项指标。

第三节 各指标的含义、数据来源与分析处理

一、各指标的含义及数据来源

（一）产业进口依赖指标

1. 玉米进口依赖系数

玉米进口依赖系数用来衡量我国对世界玉米市场的依赖程度。本书用玉米进口量占国内消费量的比重来衡量进口依赖系数，并且假设国内消费对国际粮食依赖性的强弱与依赖系数成线性关系：玉米进口依赖系数越大，则表明国内消费对国际粮食进口的依赖性越强；反之，系数越小，则依赖性越弱。指标计算数据来源于《中国统计年鉴》（2002～2015）。

2. 玉米进口国别依赖系数

玉米进口依赖除了分析对世界玉米市场的依赖性之外，更需关注玉米进口的国别依赖性及其波动情况，这一指标不仅能反映我国是否对某国玉米进口过分依赖，也可为开辟新兴玉米进口市场提供重要参考。考虑到我国进口贸易的实际情况，本书用中国从美国进口的玉米重量与中国进口玉米总重量之比来表示。指标计算数据来源于《海关统计年鉴》（2002～2015）。

3. 玉米副产品进口增长率

目前，由于我国进口玉米有配额限制（种用玉米、其他玉米），超配进口额玉米将丧失价格优势。而玉米加工的最终产品，如玉米酒糟、

玉米淀粉等,这些产品无进口配额限制。因此,玉米的进口需求可以转化为饲料玉米原料及玉米工业品的需求。为了方便研究,本书用 DDGS(玉米酒精糟)进口增长率来反映这一指标。数据来源于联合国贸易统计数据库 fao。

(二)产业国际竞争力指标

我国玉米产业自身的竞争力强弱是影响玉米产业安全的关键因素,国际竞争力的强弱直接影响着我国玉米产业是否能够抵御世界玉米市场波动的冲击。在国际贸易竞争,主要有两方面核心要素需要考虑,一是进出口价格比较,二是要在生产方面进行国际比较。

1. 国际市场占有率

该指标从市场份额角度反映我国玉米产业的国际竞争力水平,一般用以衡量一国玉米在国际市场中的地位。在本书中通过我国玉米出口额与世界玉米总出口额的比值来近似的反映我国玉米产业的国际市场占有率。其占有率越大,反映我国玉米产业的国际竞争力越强。该指标数据来源于美国农业部(USDA,Grain:World Markets and Trade)。

其计算公式如下:

$$IMS = \frac{X_i}{X_w} \qquad (3-1)$$

式中:IMS——玉米产业国际市场占有率

X_i——我国玉米出口额

X_w——世界玉米出口总额

2. 贸易竞争力指数

贸易竞争力指数,即 TCI(Trade Competitiveness Index),是从贸易这一角度衡量某一产业国际竞争力的重要指标,本书用玉米进出口差额占玉米进出口贸易总额的比重来表示,该指标数据来源于美国农业部(USDA,Grain:World Markets and Trade)。

其计算公式如下：

$$TCI = \frac{E - I}{E + I} \qquad (3-2)$$

式中，TCI——玉米产业贸易竞争力指数；

E——玉米出口额；

I——玉米进口额。

贸易竞争力指数的值域通常位于 [-1，+1]。若 TCI = -1 则表明该产业的出口为零，所以该产业具有完全进口产业化特征；若 TCI 位于 [-1，0] 区间，则表明该产业进口远远超过出口，因此该产业的国际市场处于弱势地位，属于进口主导型产业；若 TCI = 0，则表明该产业的进出口额基本相等，所以该产业属于贸易平衡型产业；若 TCI 位于 [0，1] 区间，则指数国际竞争力呈正比例关系，TCI→ +1，则表明该产业在国际上具有较强的竞争力，属于出口主导型产业。

3. 玉米产业价格竞争力指数

由于进口玉米价格长期低于国内玉米价格，导致国外玉米及其工业产品长期利用价格优势逐渐渗透中国市场。为了反映国内外玉米价格对比差异情况，引入玉米产业价格竞争力指数，该指标主要用来判断我国玉米价格在国际市场上是否具有竞争力。由于我国进口玉米多来自美国，它可以用我国玉米的国内市场平均价格与美国市场平均价格之比来衡量。数据来源于 fao 统计数据库。

其计算公式如下：

$$PCI = \frac{P_i}{P_w} \qquad (3-3)$$

式中，PCI——玉米价格竞争力指数；

P_i——玉米国内平均价格；

P_w——美国玉米平均价格。

程宝栋（2006）提出，一般地，若 PCI > 1，则表明国内玉米市场平均价格高于国际市场平均价格，不具备价格竞争优势；若 PCI <

1，则表明国内玉米市场平均价格低于国际市场平均价格，具备价格竞争优势。

4. 规模优势指数

玉米种植规模的大小，是衡量玉米"自给"能力的重要标准，同时也是考量一国市场对外依存的重要参考。规模优势指数（Scale Advantage Index）主要用于衡量某种作物的生产规模的大小，该指标数据来源于美国农业部（USDA，Grain：World Markets and Trade）。

其计算公式如下：

$$SAI = \frac{A_i}{\sum_{i=1}^{n} A_{ij}} \qquad (3-4)$$

该指数取值范围在 0 ~ 100%，数值越大说明该国某一产业更具有规模优势。规模优势指数可以用我国玉米播种面积与世界玉米播种总面积的比值来表示。

5. 效率优势指数

效率优势指数（Efficiency Advantage Index）用来衡量一国某产品的生产效率高低，具体计算公式如下：

$$EAI = \frac{\dfrac{Q_i}{A_i}}{\dfrac{1}{n}\sum_{i=1}^{n} \dfrac{Q_i}{A_i}} \qquad (3-5)$$

该指标数据来源于美国农业部（USDA，Grain：World Markets and Trade）。其中，Q_i 代表产量。根据公式的含义，数值越大说明生产效率越高。

（三）产业自给率指标

在国内玉米需求旺盛的形势下，如果不能保证大部分玉米需求的自给自足，显然会让国际粮商有可乘之机，迅速抢占玉米市场，威胁玉米产业安全。因此产业自己率是衡量产业安全的重要指标。考察自给率是一般从生产保障与库存储备两个方面考虑。

1. 玉米总产量年增长率

玉米产量能否保障国内玉米的有效需求是玉米产业安全的关键因素。由于国际粮商进入时首先会考虑一国是否有自给自足的能力，因此该指标除了具有保障性指标的含义，还为产业稳定性提供重要参考。本书使用环比增长率，因此该指标计算公式为：

$$玉米总产量增长率 = \left(\frac{当年玉米总产量}{去年玉米总产量} - 1 \right) \times 100\% \qquad (3-6)$$

指标计算数据来源于《中国农村年鉴》(2002~2015)。

2. 库存变化率

玉米库存是一国应对玉米危机的重要保证，该指标计算公式为：

$$玉米库存变化率 = \left(\frac{当年玉米期末库存}{去年玉米期末库存} - 1 \right) \times 100\% \qquad (3-7)$$

该指标计算数据来源于中华粮网数据中心统计数据库。

3. 玉米库存消费比

玉米库存消费比是本期玉米期末库存与本期玉米消费量之比，其计算公式为：

$$玉米库存消费比 = \frac{玉米本期期末库存}{玉米本期消费量} \qquad (3-8)$$

库存消费比是联合国粮农组织提出的，主要用来衡量一国的粮食安全水平，指标值过高过低都不安全。库存消费比下降，则表示供小于求，上升则表示供给充足，国际公认粮食安全线水平为库存消费比在17%~18%。该指标数据来源于中华粮网数据中心以及美国农业部(USDA, Grain：World Markets and Trade)。

4. 国内玉米种子控制率

由于种子处于玉米产业链的起始端，地位十分重要，如果跨国种业集团进入东道国侵占国内种子份额后，便很容易控制玉米全产业链。因此，为了方便研究本书用中资公司与所有种子公司销售额之比来计算该指标。即其计算公式为：

$$国内玉米种子控制率 = \frac{中资种子企业销售额}{所有种子企业销售额} \qquad (3-9)$$

该指标数据来源于《农产品加工业年鉴》（2002～2015）。

（四）产业国内供给环境指标

重要粮食品的基本自给，是我国粮食安全的基本国策。2014年中央一号文件指出，饭碗牢牢端在自己手上，是治国理政必须长期坚持的基本方针。

就玉米产业而言，保证玉米产业的原料数量以及价格的相对稳定是产业健康发展的基础，也是防止过分依赖国际市场，有效抵御国际玉米市场波动的重要前提。国内产业供给环境主要包括以下指标，具体指标说明如下：

1. 玉米生产价格指数

生产价格指数的实质是用于反映生产成本的重要指标。生产价格指数能够很好的反映生产过程中投入成本的变化。如果投入成本的物价增加幅度过大，将不利于玉米产业发展。指标数据来源于《中国农村年鉴》（2002～2015）。

2. 劳动力素质

劳动力素质这一指标用于反映劳动者的综合素质，主要涵盖思想素质、智力素质和体力素质等方面。由于劳动者素质的复杂性，学术界一般用一套评价体系去分析、衡量劳动者的综合素质。而由于劳动者素质的很多方面难于准确衡量，这一指标在很多产业安全评价模型中常用定性评价的方式来进行分析。为了研究方便可行，往往以劳动者的受教育程度来近似的反应劳动者素质。由于玉米产业的劳动者和农业劳动者的受教育程度基本一致。因此劳动者素质这一指标用初中及以上学历比上农村人口中人数来衡量国内玉米产业劳动力素质。指标来源于《中国农村年鉴》（2002～2015）。

3. 劳动力成本

劳动力成本是指使用劳动力这种生产要素所需要支付的资本成本。劳动力成本在书中可以用其机会成本来衡量，也就是说农民是否选择从事农业生产，往往取决于农业与非农领域的报酬比较。因此本书采用第一产业收入与农村家庭总收入之比来衡量国内玉米产业的劳动力成本水平。指标数据来源于《中国农村年鉴》（2002～2015）。

4. 玉米消费变化率

该指标反映国内玉米市场需求的变化情况。由于农产品生产存在显著地季节性、周期性以及滞后性等特点，所以需求的快速扩张或者需求的急剧萎缩等变化会导致国内玉米市场严重失衡。该指标计算公式为：

$$玉米消费变化率 = \left(\frac{当年玉米消费量}{去年玉米消费量} - 1 \right) \times 100\% \qquad (3-10)$$

本书玉米消费数据来自美国农业部：（USDA，Grain：World Markets and Trade）。

5. 玉米供给消费比率

玉米供给消费比率，该指标是用国内玉米消费和国内玉米产量之比来表示用以反映国内玉米市场供需环境。该指标计算公式为：

$$玉米供给消费比 = \frac{当年玉米消费量}{当年玉米产量} \qquad (3-11)$$

本指标数据来源于《中国农村年鉴》（2002～2015）以及美国农业

部 （USDA，Grain：World Markets and Trade）。

6. 资金成本

资金成本是指使用其他单位或个人资金所支付的费用。该指标主要反映玉米产业筹集资金的难度以及使用资本需要支付的成本，如果资本成本太高，会影响产业的生存和发展。该指标可以用实际短期利贷款率来衡量。该指标来源于中国人民银行数据库。

7. 资本效率

资本效率是反映资金使用是否具有经济性的重要指标，包括资本产出效率、资本积累效率、资本配置效率和资本周转效率的综合效率体系。为了研究的可行性，往往以取得银行类金融机构或股票证券市场融资的难易程度来衡量。由于一般农业器械的折旧期在五年左右，因此本书的资本效率指标通过人民银行公布的五年期以上贷款基准利率来衡量玉米生产中的资本效率。指标数据来源于中国人民银行网站数据库。

（五）外资产业控制指标

1. 外资市场控制

外资市场控制度是外资控制度的一方面，该指标是从外资企业占我国某行业市场份额的高低来反映外资对我国玉米产业的控制程度。按照国际通行的标准，一般认为外资控制的警戒值为20%。由于玉米产业外资控制数据不可得，本指标以农副产品加工业相关数据计算来近似反映。因此，本书用外资农副产品加工业的主营业收入与农副产品加工业主营业务收入总额的比值来衡量，该指标计算公式为：

$$外资市场控制度 = \frac{外资农副产品加工业的主营业务收入}{农副产品加工业主营业务收入总额}$$

$$(3-12)$$

本指标计算数据来源于《中国统计年鉴》（2002～2015），按行业分大中型工业企业主要指标。

2. 外资股权控制度

该指标是从股权的角度反映外资对国内产业的控制情况。可以用某行业（产业）外资企业注册资本与某行业（产业）年底总注册资本之比来衡量。该比率越高，产业发展安全受外资侵入的影响程度越大。该指标计算公式为：

$$外资股权控制度 = \frac{外资农副产品加工业企业注册资本}{农副产品加工业年底总注册资本} \times 100\%$$

$$(3 - 13)$$

本指标计算数据来源于《中国统计年鉴》（2002～2015），按行业分大中型工业企业主要指标。

3. 总资产控制度

该指标反映对某一产业企业拥有的全部资产（流动资产和固定资产）的控制程度，总资产控制度越高，说明该产业总资产中外资占比越大，该产业受外资控制程度越大。该指标计算公式为：

$$外资总资产控制度 = \frac{农副产品加工业外资总资产}{农副产品加工业总资产} \times 100\%$$

$$(3 - 14)$$

本指标计算数据来源于《中国统计年鉴》（2002～2015），按行业分大中型工业企业主要指标。

二、指标数据的时间序列分析与预测

为分析未来几年玉米产业安全形势，需要对指标值进行预测，同时也可以探究各指标值的规律性。由于数据之间的波动性较强，不能进行回归模型分析。本书通过前期观察发现各指标数值随时间变化呈现某种规律性变化，所以首先对各指标历史值进行时间序列分析，建立时间序列模型，分析指标的规律性变化；然后，根据已建立的时间序列模型对指标数值进行近期延展预测；最后对指标数据进行无量纲化处理。

（一）时间序列分析

时间序列是通过找出数字之间的时间排列规律，来研究社会经济领域相关问题的研究方法。以下仅就时间序列模型的主要类型做简单介绍。

1. 平稳时间序列

（1）自回归（AR：Auto-regressive）模型。具有如下结构的模型称为 p 阶自回归模型，简记为

$$\begin{cases} x_t = \varphi_0 + \varphi_1 x_{t-1} + \varphi_2 x_{t-2} + \cdots + \varphi_p x_{t-p} + \varepsilon_t \\ \varphi_p \neq 0 \\ E(\varepsilon_t) = 0, \ Var(\varepsilon_t) = \sigma_\varepsilon^2, \ E(\varepsilon_t \varepsilon_s) = 0, \ s \neq t \\ Ex_s \varepsilon_t = 0, \ \forall s < t \end{cases} \quad (3-15)$$

其中，$\phi_0 + \phi_1 x_{t-1} + \phi_2 x_{t-2} + \cdots + \phi_p x_{t-p} + \varepsilon_t$ 是未知参数，称为自回归系数。

根据式（3-15）可以看出该模型具有三个限制条件：

①$\phi_p \neq 0$，这个条件主要是为了限制模型的最高阶数为 p 阶；

②随机干扰序列 $\{\varepsilon_t\}$ 是零均值白噪声序列，

即，$E(\varepsilon_t) = 0, \ Var(\varepsilon_t) = \sigma_\varepsilon^2, \ E(\varepsilon_t \varepsilon_s) = 0, \ s \neq t$，这个条件要求；

③$Ex_s \varepsilon_t = 0, \ \forall s < t$，这个限制条件要求过去的序列项与当期的随机扰动项之间无关。

特别地，当 $\phi_p \neq 0$ 时，称为中心化 AR(p) 模型，记为：

$$x_t = \phi_0 + \phi_1 x_{t-1} + \phi_2 x_{t-2} + \cdots + \phi_p x_{t-p} + \varepsilon_t \quad (3-16)$$

利用引进延迟算子方法，中心化该模型又可以简记为：

$$x_t = \phi_0 + \phi_1 x_{t-1} + \phi_2 x_{t-2} + \cdots + \phi_p x_{t-p} + \varepsilon_t \quad (3-17)$$

其中，$\Phi(B) = 1 - \phi_1 B - \phi_2 B^2 - \cdots - \phi_p B^p$ 为 p 阶自回归系数多项式。

设奇次线性差分方程 $\Phi(B)x_t = 0$，如果这 p 个特征根的值全在单位圆内，就是说 $\{\phi_1, \phi_2, \cdots, \phi_p |$单位根都在单位圆内$\}$，

此时满足 $\lambda = \phi$ 且 $|\phi| < 1$，   （3 - 18）

满足此条件时称该模型为平稳的 AR（p）模型，式（3 - 4）为 AR（p）模型平稳的充要条件。

（2）移动平均（MA：Moving Average）模型。我们把形如式（3 - 19）结构的模型，称为 q 阶自回归模型，并记为 MA（q）：

$$\begin{cases} x_t = \phi_0 + \phi_1 x_{t-1} + \phi_2 x_{t-2} + \cdots + \phi_p x_{t-p} + \varepsilon_t \\ \phi_p \neq 0 \\ E(\varepsilon_t) = 0, \ Var(\varepsilon_t) = \sigma_\varepsilon^2, \ E(\varepsilon_t \varepsilon_s) = 0, \ s \neq t \\ Ex_s \varepsilon_t = 0, \ \forall s < t \end{cases} \qquad (3-19)$$

称参数 θ1，θ2，…，θq 为滑动平均系数。

特别地，当 $\phi_p \neq 0$ 时，称该模型为中心化 MA（q）模型。

引进延迟算子，并把中心化 MA（q）模型简记为：

$$x_t = \Theta(B)\varepsilon_t \qquad (3-20)$$

$\Theta(B) = 1 - \theta_1 B - \theta_2 B^2 - \cdots - \theta_q B^q$ 为 q 阶移动平均系数多项式。

当 MA（q）模型的特征根全部落在单位圆内

即满足：$|\lambda_i| < 1$，$i = 1, 2, \cdots, q$ （3 - 21）

MA（q）模型可逆。

又，式（3 - 21）的等价条件为：移动平滑系数多项式的根都在单位圆外，

即 $\left| \dfrac{1}{\lambda_i} \right| > 1$，$i = 1, 2, \cdots, q$ （3 - 22）

（3）自回归移动平均（ARMA：Auto - regressive Moving Average）模型。具有如下结构的模型称为自回归移动平均模型，简记为 ARMA（p，q）

$$\begin{cases} x_t = \phi_0 + \phi_1 x_{t-1} + \cdots + \phi_p x_{t-p} + \varepsilon_t - \theta_1 \varepsilon_{t-1} - \cdots - \theta_q \varepsilon_{t-q} \\ \phi_p \neq 0, \ \theta_q \neq 0 \\ E(\varepsilon_t) = 0, \ Var(\varepsilon_t) = \sigma_\varepsilon^2, \ E(\varepsilon_t \varepsilon_s) = 0, \ s \neq t \\ Ex_s \varepsilon_t = 0, \ \forall s < t \end{cases} \quad (3-23)$$

特别当 $\phi_0 = 0$ 时，称为中心化 ARMA(p，q) 模型

引进延迟算子，中心化 ARMA(p，q) 模型又可以简记为：

$$\Phi(B) x_t = \Theta(B) \varepsilon_t$$

其中，$\Phi(B) = 1 - \phi_1 B - \phi_2 B^2 - \cdots - \phi_p B^p$ 称作 p 阶自回归系数多项式，

$\Theta(B) = 1 - \theta_1 B - \theta_2 B^2 - \cdots - \theta_q B^q$ 称作 q 阶移动平均系数多项式。

ARMA 模型平稳条件：p 阶自回归系数多项式 $\Phi(B) = 0$ 之根皆位于单位圆外，即回归部分的平稳性决定 ARMA(p，q) 模型的平稳性。

ARMA 模型可逆条件：q 阶移动平均系数多项式 $\Theta(B) = 0$ 之根皆落在单位圆外。即移动平滑部分的可逆性决定 ARMA(p，q) 模型的可逆性。

由式（3-9）可知，AR(p) 模型是 ARMA(p，q) 模型中的 q = 0 时的特殊情形，MA(q) 模型是 ARMA(p，q) 模型中 p = 0 时的特殊情形。所以，AR(p) 模型和 MA(q) 模型以及 ARMA(p，q) 模型都统称为 ARMA 模型。

（4）求和自回归移动平均（ARIMA：Auto Regression Integrated Moving Average）模型。具有式（3-24）结构的模型，称为求和自回归移动平均模型。可记为 ARMA(p，d，q)

$$\begin{cases} \Phi(B) \nabla^d x_t = \Theta(B) \varepsilon_t \\ E(\varepsilon_t) = 0, \ Var(\varepsilon_t) = \sigma_\varepsilon^2, \ E(\varepsilon_t \varepsilon_s) = 0, \ s \neq t \\ Ex_s \varepsilon_t = 0, \ \forall s < t \end{cases} \quad (3-24)$$

由式（3-10）中可以看出把 ARMA(p，q) 与差分运算结合起来就会构成 ARMA(p，d，q) 模型，由此可见，模型中 p，d，q 的含义分别是自回归阶数、差分阶数和移动平均阶数。关于 ARIMA 模型族以

及平稳条件，与前文公式有关，较为复杂这里不做介绍。

2. 非平稳时间序列的确定性方法

（1）指数平滑法。

指数平滑法的基本原理是：用修匀技术，消减短期的随机波动对于序列的影响，从而使得序列平滑化，进而显示长期趋势变化规律。

当随机事件发生时，一般近期结果较远期结果对现在影响更大。这种影响作用，我们通过考虑时间间隔对事件发展的影响来反映这种影响作用。并且使各期权重随时间间隔增大而呈指数衰减。

指数平滑法分为简单指数平滑及 Holt 两参数指数平滑

①简单指数平滑。简单指数平滑基本公式为

$$\tilde{x}_t = \alpha x_t + \alpha(1-\alpha)x_{t-1} + \alpha(1-\alpha)^2 x_{t-2} + \cdots \qquad (3-25)$$

等价公式为

$$\tilde{x}_t = \alpha x_t + (1-\alpha)\tilde{x}_{t-1} \qquad (3-12)$$

一期预测值为

$$\hat{x}_{T+1} = \tilde{x}_T$$
$$= \alpha x_T + \alpha(1-\alpha)x_{T-1} + \alpha(1-\alpha)^2 x_{T-2} + \cdots \qquad (3-26)$$

二期预测值为

$$\hat{x}_{T+2} = \alpha \hat{x}_{T+1} + \alpha(1-\alpha)x_T + \alpha(1-\alpha)^2 x_{T-1} + \cdots$$
$$= \alpha \hat{x}_{T+1} + (1-\alpha)\hat{x}_{T+1} = \hat{x}_{T+1} \qquad (3-27)$$

ℓ 期预测值为

$$\hat{x}_{T+\ell} = \hat{x}_{T+1}, \quad \ell \geqslant 2 \qquad (3-28)$$

②Holt 两参数指数平滑。当我们对含有线性趋势的序列进行修匀时，常常采用 Holt 两参数指数平滑模型。该模型的主要构造思想是：假定序列有一个比较固定的线性趋势，我们将之记为：

$$\hat{x}_t = x_{t-1} + r \qquad (3-29)$$

两参数修匀为

$$\begin{cases} \tilde{x}_t = \alpha x_t + (1-\alpha)(\tilde{x}_{t-1} + r_{t-1}) \\ r_t = \gamma(\tilde{x}_t - \tilde{x}_{t-1}) + (1-\gamma)r_{t-1} \end{cases} \qquad (3-30)$$

假定平滑序列的初始值 $\tilde{x}_0 = x_1$，趋势序列的初始值 $r_0 = \dfrac{x_{n+1} - x_1}{n}$，则 ℓ 期预测值为

$$\hat{x}_{T+1} = \tilde{x}_T + \ell \cdot r_T \qquad (3-31)$$

（2）移动平均法。

移动平均法假定在一较短时间间隔内，序列值之间的差异，主要是由随机波动引起的。根据这一假定，可以采用一定时间间隔内的平均值做为某一期估计值，以此来实现对序列的平滑处理。移动平均法主要有两种方法：n 期中心移动平均和 n 期移动平均。

n 期中心移动平均公式为：

$$x_{t-\frac{n-1}{2}+1} + \cdots + x_t + \cdots + x_{t+\frac{n-1}{2}-1} + x_{t+\frac{n-1}{2}}, \quad n \text{ 为奇数}$$

$$\frac{1}{n}\left(\frac{1}{2}x_{t-\frac{n}{2}} + x_{t-\frac{n}{2}+1} + \cdots + x_t + \cdots + x_{t+\frac{n}{2}-1} + \frac{1}{2}x_{t+\frac{n}{2}}\right), \quad n \text{ 为偶数}$$

$$(3-32)$$

n 期移动平均基本公式为

$$\tilde{x}_t = \frac{1}{n}(x_t + x_{t-1} + \cdots + x_{t-n+1}) \qquad (3-33)$$

除了指数平滑法以及移动平均法之外，还有季节分解等方法，这里不作介绍。

（二）指标的时间序列分析

根据前文所述，时间序列模型就是利用时间序列建立数学模型，用于对未来进行短期预测的一种趋势预测方法。实际中，常常先绘制时间序列，以帮助找到合适模型，并通过时间的可视化检查，辅助进行选择，最后，再根据优选的时间序列模型进行预测。

1. 指标时间序列分析过程举例

以指标 x_1 玉米进口依赖系数为例，介绍本书各指标时间序列模型建模过程：

首先，根据时间序列图并结合统计量判断、检验时间序列的平稳性。

通过图 3 - 1 容易观察发现序列 x_1 在开始的前十期（2001 ～ 2011年）变化幅度不大，上升或下降趋势不明显。也就是说在分析期的前10 年，我国玉米进口依赖性水平比较低，有些年份甚至可以认为是 0。而在分析期的最后 4 年（2011 ～ 2014 年）进口依赖性水平上升趋势明显，这与玉米进口量增加的趋势保持一致。结合整个分析期，虽个别年份出现剧烈波动，但整体时间序列仍呈现平稳的态势。但直观感受不能认定其就是平稳的，需要进一步进行检验。

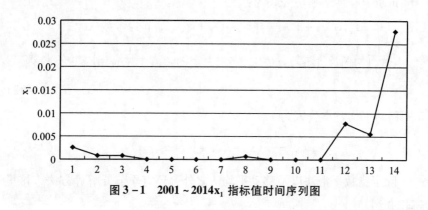

图 3 - 1　2001 ～ 2014 x_1 指标值时间序列图

根据序列自相关图（见图 3 - 2），该序列具有短期相关性。但随延期数的增加，平稳序列自相关系数很快趋近于零，并且自相关图大部分在 2 倍的标准差范围之内。据此可认定该序列就是平稳序列。

继而，对该序列进行纯随机性检验：由自相关图可知，此序列为延迟 12 期的。而在延迟时期较短的序列值之间存在着一定的相关性，我们初步判断其为平稳非白噪声序列。表 3 - 1 为 x_1 序列自相关系数表。

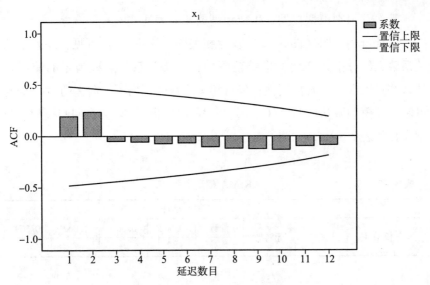

图 3 - 2 x_1 序列自相关系数图

表 3 - 1 x_1 序列自相关系数表

滞后	自相关	标准误差[a]	Box - Ljung 统计量		
			值	df	Sig.[b]
1	0.192	0.241	0.636	1	0.425
2	0.234	0.231	1.658	2	0.437
3	-0.049	0.222	1.707	3	0.635
4	-0.056	0.211	1.777	4	0.777
5	-0.073	0.200	1.909	5	0.862
6	-0.065	0.189	2.029	6	0.917
7	-0.104	0.177	2.373	7	0.936
8	-0.118	0.164	2.895	8	0.941
9	-0.124	0.149	3.586	9	0.936
10	-0.133	0.134	4.573	10	0.918
11	-0.096	0.116	5.260	11	0.918
12	-0.085	0.094	6.077	12	0.912

注：a. 假定的基础过程是独立性（白噪音）；b. 基于渐近卡方近似。

其次，识别模型类型，生成模型的相应表达式。

结合自相关图（图 3 - 2）及偏相关图（图 3 - 1）可见：序列自相关系数大部分落入 2 倍标准差范围内；自相关系数衰减为零的速度较慢，并且表现出一阶拖尾性；偏自相关系数表现出了一阶差分性。据此可断定该模型服从 ARMA（0，1，0）模型，即一阶差分自回归模型。模型参数如表 3 - 2 所示。

表 3 - 2　　　　　　　　　　　ARIMA 模型参数

				估计	SE	t	Sig.
x_1 - 模型_1	x1	无转换	常数	0.002	0.002	1.062	0.309
			差分	1			

模型表达式为 $X_1[t] = 0.002 + X_1[t-1] + \xi[t]$。最后，利用模型进行预测与分析。模型的拟合效果及预测如图 3 - 3、表 3 - 3 所示。

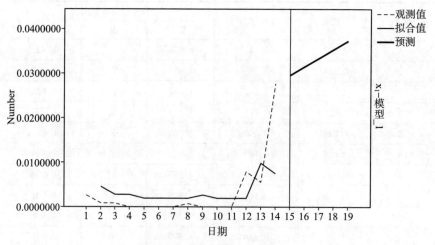

图 3 - 3　x_1 指标拟合及预测

表 3 - 3 x_1 指标预测

模型		15	16	17	18	19
x_1 - 模型_1	预测	0.0295846	0.0315097	0.0334347	0.0353598	0.0372848
	UCL	0.0438279	0.0516527	0.0581048	0.0638464	0.0691338
	LCL	0.0153413	0.0113666	0.0087646	0.0068732	0.0054359

从玉米可进口依赖系数的时间序列模型可以看出，玉米进口依赖系数呈现波动上升状态。根据前文定义可知玉米可进口依赖系数是玉米进口量与玉米消费量之比，该指标波动性递增证明，我国玉米消费中进口玉米所占比重逐渐增加，也就是说我国越来越依赖进口玉米用于调剂余缺或者是满足日益增加的国内玉米需求，值得注意的是2012年玉米进口依赖系数出现整个序列中最大增幅，由 2011 年的 0.56% 增加到 2.77%，涨幅近四倍，而且根据预测虽然增幅下降，但 2015～2019 年玉米进口依赖系数依然处于上升通道。根据表 3 - 2，2017 年玉米可进口依赖系数将达到 3.73%，预测上限为 6.91%，超过 5%。这样的趋势应引起高度重视。

2. x_2 玉米进口可依赖系数时间序列分析

x_2 时间序列可以用简单指数平滑模型拟合，$\alpha = 0.469$，则根据式（3 - 19），指标 x_2 时间序列模型为：$\tilde{x}_t = 0.469 x_t + 0.531 \tilde{x}_{t-1}$，拟合及预测情况如图 3 -4、表 3 -4 所示。

从玉米进口国别依赖系数（x_2）的时间序列分析可以看出，x_2 呈现剧烈的波动状态，上涨及下降幅度都比较大，一方面说明从整个时间序列期看，我国对美玉米的进口依赖并不稳定，2001 年处于历史低点 3.3%，而近 3 年均在 95% 左右。另外一方面，说明从其他国家进口玉米也不稳定，我国并没有很稳定玉米进口来源国，总是在波动中寻找暂时合作。从近期看，美国是我国最主要的玉米来源国，但从 x_2 系数来

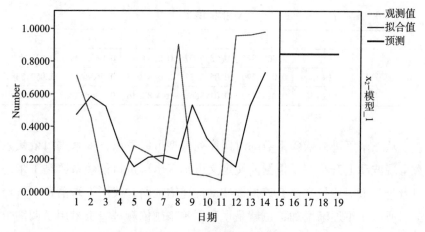

图 3 – 4 x_2 指标拟合及预测

表 3 – 4 x_2 指标预测

模型		2015	2016	2017	2018	2019
x_2 – 模型_1	预测	0.8493	0.8493	0.8493	0.8493	0.8493
	UCL	1.7156	1.8063	1.8891	1.9658	2.0375
	LCL	– 0.0170	– 0.1077	– 0.1905	– 0.2672	– 0.3389

看我国目前过于依赖从美国进口玉米，一旦我国与美国发生玉米贸易争端，或者美国玉米市场波动，我国短期很难找到有一定规模的稳定进口来源国。这将影响我国玉米产业安全。

3. x_3 玉米副产品进口增长率时间序列分析

指标 x_3 可用 ARIMA（1，1，0）模型拟合，模型参数为 – 0.727，模型表达式为

$$(1 - B)x_t = \frac{1}{1 + 0.727B}\varepsilon_t,$$

拟合及预测情况如图 3 – 5、表 3 – 5 所示。

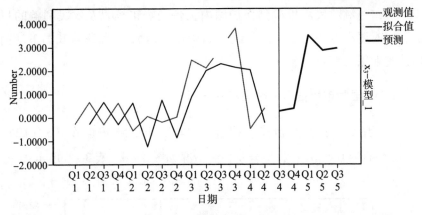

图 3 - 5　x₃ 指标拟合及预测

表 3 - 5　　　　　　　　　　　　x₃ 指标预测

模型		Q3 4	Q4 4	Q1 5	Q2 5	Q3 5
x₃ - 模型_1	预测	0. 2820	0. 3966	3. 5214	2. 8890	2. 9773
	UCL	3. 5989	4. 1889	8. 1673	8. 2457	8. 3907
	LCL	- 3. 0352	- 3. 3980	- 1. 1248	- 2. 4839	- 2. 4380

玉米副产品进口增长率（x₃）时间序列模型属于一阶差分自回归模型，因而有更规律的周期性 1999 ~ 2006 年每两年一个周期，波动幅度不大。2009 年玉米副产品进口增长率达到 96. 18%，从此，处于高位徘徊的周期，随后有所下探，2014 年处于周期谷底。从预测值来看 2013 年起有所反弹，增幅逐渐增加，似乎预示着下一个上涨周期的到来。

从实际状况看，玉米副产品，这里主要指的 DDGS（玉米酒精糟），是主要的饲料玉米原料。其呈现的波动周期与饲料行业与畜牧业等行业波动有关。另外，玉米副产品进口增长率波动剧烈的重要原因是其进口准入政策的高度开放，玉米副产品不同于玉米，不存在进口限额。因此可以完全按国内需求进口，由于美国等国家 DDGS 质量优于我国，价格还具备竞争优势，因此对玉米的进口需求可以转化为对 DDGS 等玉米副产品的进口，这点可以解释 2009 年玉米副产品增长率突然增长。所以玉米进口配额政策可以起到保护国内玉米初级市场以及农民利益的目的，同时要高度关注玉米副产品进口的异常波动，这将影响我国玉米饲料加工业以及畜牧业等行业。

4. x_4 国际市场占有率时间序列分析

x_4 可用简单指数平滑模型拟合，$\alpha = 0.469$，则根据式（3 – 19），$\tilde{x}_t = 0.454x_t + 0.546\tilde{x}_{t-1}$，拟合及预测情况如图 3 – 6、表 3 – 6 所示。

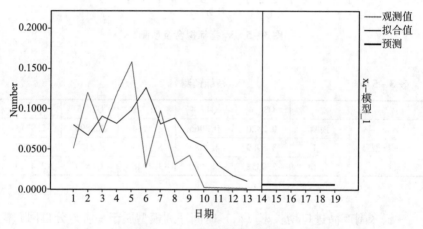

图 3 – 6 x_4 指标拟合及预测

表 3 – 6 　　　　　　　　　　　x_4 指标预测

模型		2015	2016	2017	2018	2019
x_4 – 模型_1	预测	0.0064	0.0064	0.0064	0.0064	0.0064
	UCL	0.1182	0.1274	0.1359	0.1440	0.1515
	LCL	– 0.1059	– 0.1151	– 0.1236	– 0.1316	– 0.1392

通过建立时间序列模型分析玉米的国际市场占有率（x_4），发现在设定的时间间隔内，可以划分为两个阶段：2001 ~ 2005 年，x_4 呈现波动上升趋势，2005 年之后 x_4 呈现逐渐下降趋势，波谷位于 2011 年，玉米国际市场占有率为 1.4%，可以看出我国玉米产业在国际上的影响力

逐渐降低，对进口依赖度增强，玉米产业发展面临更多的不确定因素。

5. x_5 贸易竞争力指数时间序列分析

x_5 可用 ARIMA（0，1，0）模型拟合，模型参数 -0.148，模型表达式为：$x_t = -0.148x_{t-1} + \varepsilon_t$，拟合及预测情况如图 3-7、表 3-7 所示。

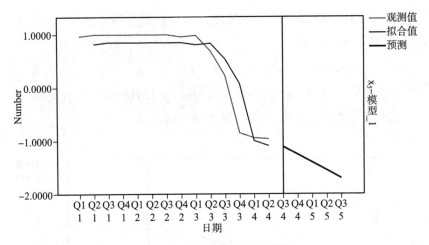

图 3-7 x_5 指标拟合及预测

表 3-7 x_5 指标预测

模型		Q3 4	Q4 4	Q1 5	Q2 5	Q3 5
x_5 - 模型_1	预测	-1.110	-1.2472	-1.4088	-1.5588	-1.7000
	UCL	-0.4243	-0.2885	-0.2188	-0.1833	-0.1697
	LCL	-1.7973	-2.2301	-2.5967	-2.9292	-3.2397

根据前文贸易竞争力指数的介绍，结合目前的分析，如图 3-7 所示，2001~2010 年的 10 年中，我国玉米贸易始终处于出口大于进口状态，因而在此时间段 x_5 均大于 0，其中前 8 年（1999~2007 年）x_5 均大于 0.95，表明玉米产业是以贸易出口导向性发展为主，产业竞争力较强；最后两年（2008~2009 年），由于进口长，出口的萎缩，x_5 大幅

减少, 2009 年仅为 0.23 左右。而自从 2010 年起, 我国玉米进出口形势发生逆转, 进口赤字明显, x_5 的值迫近 -1。我国玉米出口额已经远小于进口额, 国内玉米新增的需求越来越依赖于国际市场, 产业竞争优势不明显。

6. x_6 规模优势指数时间序列分析

x_6 可用 Holt 指数平滑模型拟合, 模型参数分别为 0.07、1.412 × e^{-5}, 则模型表达式为

$$\begin{cases} \tilde{x}_t = 0.07x_t + 0.97(\tilde{x}_{t-1} + r_{t-1}) \\ r_t = 1.412 \times e^{-5} \times (\tilde{x}_t - \tilde{x}_{t-1}) + (1 - 1.412 \times e^{-5})r_{t-1} \end{cases}$$

拟合及预测情况如图 3 – 8、表 3 – 8 所示。

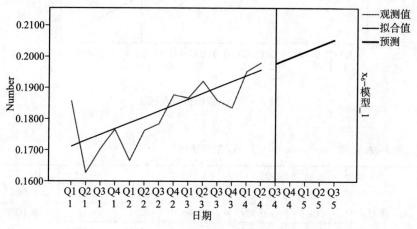

图 3 – 8 x_6 指标拟合及预测

表 3 – 8 x_6 指标预测

模型		Q3　4	Q4　4	Q1　5	Q2　5	Q3　5
x_6 – 模型_1	预测	0.1988	0.1997	0.2062	0.2035	0.2054
	UCL	0.2144	0.2158	0.2177	0.2197	0.2215
	LCL	0.1817	0.1822	0.1899	0.1875	0.1894

从规模优势指数（x_6）时间序列模型分析结果来看，玉米规模优势指数处于稳定增长状态，但增长幅度不大，因而时间序列模型用直线进行拟合。这种趋势表明，我国玉米种植规模不断扩大，占世界玉米播种总面积的比例不断增加。但每年由于播种面积而增加的玉米产量低于不断增长的消费需求，因为进口预期还是比较高涨。

7. x_7 效率优势指数时间序列分析

x_7 模型类型为 ARIMA（0，1，0），模型表达式为 $(1-B)x_t = \dfrac{1}{1+0.727B}\varepsilon_t$，根据该模型进行数据拟合和预测如图 3-9、表 3-9 所示。

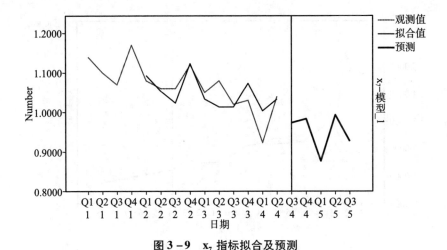

图 3-9 x_7 指标拟合及预测

表 3-9 　　　　　　　　　　　　　x_7 指标预测

模型		Q3　4	Q4　4	Q1　5	Q2　5	Q3　5
x_7 - 模型_1	预测	0.9655	0.9822	0.8755	0.9922	0.9271
	UCL	1.0641	1.0722	0.967	1.0848	1.0560
	LCL	0.8818	0.8918	0.7848	0.9018	0.7972

效率优势指数（x_7）反映我国与世界玉米生产效率的对比情况，实际上为玉米单产的比较。从时间序列模型来看，效率优势指数呈周期性变化，并且从整体看有下滑的态势。最低点位于 2013 年指数值为 0.92，首次降到 1 以下。表明虽然由于玉米育种、栽培等各方面技术的使用，我国玉米单产不断增加，但与世界先进水平的差距并没有缩短，反而有进一步拉大的趋势。

8. x_8 产业价格竞争力指数时间序列分析

x_8 时间序列拟合模型为 Brown 指数平滑模型，参数 α 估计值为 0.182，则拟合模型为：$\tilde{x}_t = 0.182x_t + 0.918\tilde{x}_{t-1}$，在给定初始值的情况下，模型拟合及预测结果如图 3 - 10、表 3 - 10 所示。

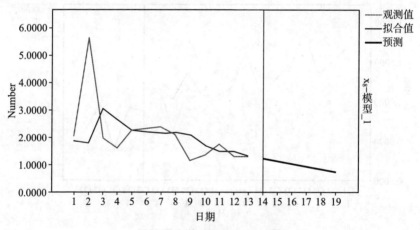

图 3 - 10 x_8 指标拟合及预测

表 3 - 10 x_8 指标预测

模型		2015	2016	2017	2018	2019
x_8 - 模型_1	预测	1.1348	1.0368	0.9389	0.8410	0.7430
	UCL	3.9837	4.0783	4.1919	4.3232	4.4713
	LCL	1.7142	2.0046	2.3141	2.6413	2.9852

从图 3 - 10 可以看出，我国玉米价格的竞争优势在不断丧失，从表
3 - 10 可见，到 2017 年我国玉米将不具备低价优势。这也从侧面反映
出，国外玉米的价格竞争优势在不断增强，在不考虑进口准入限制政策
的情况下，进口玉米将大量涌入我国。

9. x_9 玉米总产量年增长率时间序列分析

经过分析，除个别年份外，玉米总产量年增长率稳定在 3.29% 左
右，为了保证在极端情况下的可持续性，本书用常数模型进行拟合与预
测，模型：$\bar{x}_t = 0.0329$ 相关结果如图 3 - 11、表 3 - 11 所示。

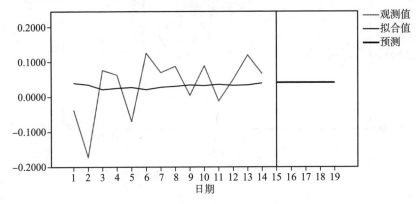

图 3 - 11 x_9 指标拟合及预测

表 3 - 11 　　　　　　　　　　　x_9 指标预测

模型		Q3 4	Q4 4	Q1 5	Q2 5	Q3 5
	预测	0.0329	0.0329	0.0329	0.0329	0.0329
x_9 - 模型_1	UCL	0.2109	0.2109	0.2109	0.2109	0.2109
	LCL	- 0.1450	- 0.1450	- 0.1450	- 0.1450	- 0.1450

从图 3 - 11 可以看出，虽然我国玉米产量逐年增加，但是增产的幅
度存在波动，且总的趋势是玉米年产量增长率并没有明显的增长，除个
别年份外，玉米年增长率稳定在 3.29% 左右，按照这个增长率估计，

供需缺口将不断增加，供需矛盾仍然突出。未来玉米进口压力仍然比较大。

10. x_{10}库存变化率时间序列分析

经分析 x_{10} 指标模拟为 ARIMA（1，0，0）模型，参数为 0.550，表达式为：$x_t = 0.550x_{t-1} + \varepsilon_t$ 根据该模型进行拟合与预测如图 3 - 12、表 3 - 12 所示。

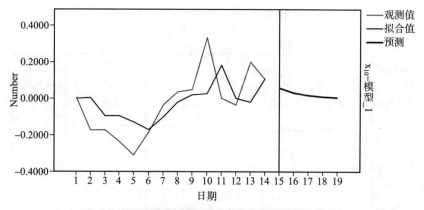

图 3 - 12 x_{10} 指标拟合及预测

表 3 - 12 x_{10} 指标预测

模型		2015	2016	2017	2018	2019
x_{10} - 模型_1	预测	0.0564	0.0312	0.0187	0.0097	0.0054
	UCL	0.3721	0.3902	0.3881	0.3838	0.3806
	LCL	- 0.2552	0.3259	- 0.3527	- 0.3644	- 0.3698

如图 3 - 11 所示，我国玉米库存变化率长期以来一直在低位徘徊，2001 ~ 2019 年普遍在 - 0.4 ~ 0 之间，证明此时我国玉米基本处于自给自足的状态，玉米库存主要用于调剂年份之间玉米余缺。但从 2008 年起玉米库存变化率呈现向上波动的态势，证明玉米库存在增加，原因主

要是玉米需求不断扩张，我国也适时低价进口玉米以稳定市场信心、应对不时之需。这也释放出一种信号，那就是国家用进口玉米实施国家储备，或将成为一种常态。

11. x_{11} 玉米价格变化率时间序列分析

经分析 x_{11} 指标模拟为 ARIMA（1，0，0）模型，常数及系数估计值分别为 0.073 和 -0.517，则模型表达式为：$x_t = 0.073 - 0.517x_{t-1} + \varepsilon$，根据该模型进行拟合与预测如图 3 - 13、表 3 - 13 所示。

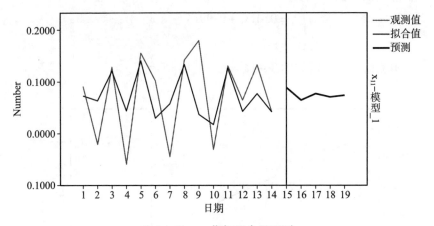

图 3 - 13　x_{11} 指标拟合及预测

表 3 - 13　　　　　　　　　　　　　　x_{11} 指标预测

模型		2015	2016	2017	2018	2019
x_{11} - 模型_1	预测	0.0885	0.0655	0.0771	0.0706	0.0740
	UCL	0.2434	0.2385	0.2558	0.2506	0.2543
	LCL	-0.0657	-0.1194	-0.1017	-0.1094	-0.1064

根据图 3 - 13 可见，玉米价格波动率基本呈现正负周期变动，所以呈现移动的折现形态，波峰、波谷明显，同时呈现一定的规律性。首先，玉米价格往往是正负交错的波动，也就是说某一年正向走势，而下

一年则可能下跌，反之亦反，这可能是由于玉米生产和消费本身存在周期性；其次，从图 3 – 13 可以看出，近年来波动趋缓，且都在 0 至 1 范围内波动，这意味着玉米价格处于上涨的态势，只不过上涨的幅度有所不同。这其实反映了，国际玉米市场供求同样处于紧平衡状态，个别年份需求大于供给。

12. x_{12} 国产玉米种子控制率时间序列分析

x_{12} 可用 Holt 指数平滑模型进行拟合，模型参数分别 0.001 和 0，模型表达式如下：

$$\begin{cases} \tilde{x}_t = 0.01x_t + 0.99(\tilde{x}_{t-1} + r_{t-1}) \\ r_t = r_{t-1} \end{cases}$$

预测值与拟合值如图 3 – 14、表 3 – 14 所示。

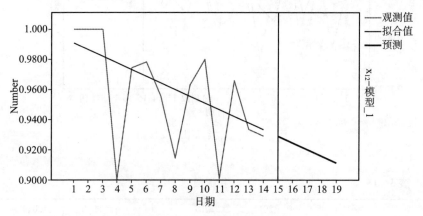

图 3 – 14　x_{12} 指标拟合及预测

表 3 – 14　　　　　　　　　　　　　x_{12} 指标预测

模型		2015	2016	2017	2018	2019
x_{12} – 模型_1	预测	0.9359	0.9245	0.9201	0.9157	0.9113
	UCL	0.9951	0.9846	0.9902	0.9858	0.9814
	LCL	0.8678	0.8544	0.8500	0.8456	0.8412

如图 3 - 14 所示，国产玉米种子控制率（x_{12}）始终处于 90% 以上，但所占份额不断降低由 2001 年将近 100%，预测到 2019 年控制率可能降到 92% 以下。这说明外资种业集团利用其技术上的优势加紧在我国布局，市场份额将提高。

13. x_{13} 玉米库存消费比时间序列分析

x_{13} 拟合模型为 Brown 指数平滑模型，参数 α 估计值为 0.984，则拟合模型为：$\tilde{x}_t = 0.984x_t + 0.016\tilde{x}_{t-1}$，预测值与拟合值如图 3 - 15、表 3 - 15 所示。

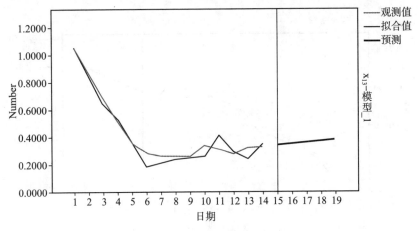

图 3 - 15 x_{13} 指标拟合及预测

表 3 - 15 x_{13} 指标预测

模型		2015	2016	2017	2018	2019
x_{13} - 模型_1	预测	0.3452	0.3555	0.3459	0.3762	0.3865
	UCL	0.4402	0.5893	0.7685	0.9829	1.2100
	LCL	0.2101	0.0915	- 0.0768	- 0.2505	- 0.4569

如图 3 - 15 所示玉米库存消费在序列期前半段一路下滑，2006 年达到历史低点，只有 0.25 左右，已逼近国际上公认的红线 18%，之后

虽有反弹，但力度不大，始终在 0.3 ~ 0.4 之间徘徊。这一方面说明我国玉米消费增加的速度很快，玉米生产增加的幅度低于消费增长的速度；同时，反映出我国在利用国际玉米市场补充库存方面不够积极，没有很好的利用国际玉米市场、充分利用比较优势以平衡国内玉米市场波动。

14. x_{14} 劳动力素质时间序列分析

指标 x_{14} 可用 ARIMA（0，1，0）模型拟合，参数估计值为 0.09，则模型表达式为：$(1 - B)x_t = 0.09 + (1 + 0.023B)\varepsilon_t$，预测值与拟合值如图 3 – 16、表 3 – 16 所示。

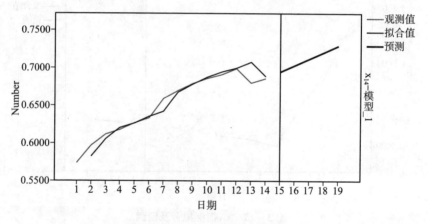

图 3 – 16　x_{14} 指标拟合及预测

表 3 – 16　　　　　　　　　　　　　x_{14} 指标预测

模型		2015	2016	2017	2018	2019
x_{14} – 模型_1	预测	0.6946	0.7033	0.7119	0.7205	0.7292
	UCL	0.7176	0.7358	0.7517	0.7665	0.7806
	LCL	0.6716	0.6707	0.6721	0.6745	0.6777

从图 3 – 16 可知劳动力素质在平稳提升，预测期（2015 ~ 2019 年）

提升的幅度更大。

15. x_{15}劳动力成本时间序列分析

x_{15}可用简单时间序列模型拟合，模型参数估计值为 0.822，表达式为：$\tilde{x}_t = 0.822x_t + 0.178\tilde{x}_{t-1}$，预测值与拟合值如图 3 – 17、表 3 – 17 所示。

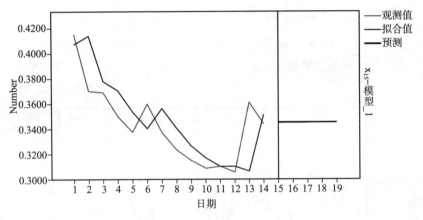

图 3 – 17　x_{15}指标拟合及预测

表 3 – 17　　　　　　　　　　　x_{15}指标预测

模型		2015	2016	2017	2018	2019
	预测	0.3442	0.3442	0.3442	0.3442	0.3442
x_{15} – 模型_1	UCL	0.3956	0.4105	0.4225	0.4329	0.4422
	LCL	0.2948	0.2800	0.2680	0.2576	0.2483

由图 3 – 17 可见，劳动力成本（x_{15}），在预测期内先降后升。2001 ～ 2010 年劳动力成本总体上呈下降趋势。这主要因为技术进步、规模化生产而减少劳动力的使用。导致劳动力成本下降。2011 年后劳动力成本又有所抬升，原因和玉米供需形势有关，2011 年后国内玉米需求旺盛，抬高了玉米价格，劳动力成本的补偿也随之上升。同时，劳动力成本的

增长对国内玉米价格的上升也有反作用，刺激了玉米价格的上升，不利于国内玉米价格的稳定。

16. x_{16} 玉米生产价格指数时间序列分析

经分析玉米生产价格指数（x_{16}）可用 Holt 指数平滑法进行预测，模型参数估计分别为：0.099、$2.43 \times e^{-5}$。

模型表达式如下：

$$\begin{cases} \tilde{x}_t = 0.099x_t + 0.801(\tilde{x}_{t-1} + r_{t-1}) \\ r_t = 2.43 \times e^{-5} \times (\tilde{x}_t - \tilde{x}_{t-1}) + (1 - 2.43 \times e^{-5})r_{t-1} \end{cases}$$

拟合及预测结果如图 3 - 18、表 3 - 18 所示。

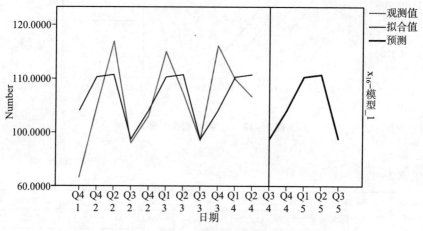

图 3 - 18　x_{16} 指标拟合及预测

表 3 - 18　　　　　　　　　　　　　　x_{16} 指标预测

模型		Q3　4	Q4　4	Q1　5	Q2　5	Q3　5
x_{16} - 模型_1	预测	98. 7140	103. 9973	110. 2973	110. 7306	98. 7140
	UCL	114. 2814	119. 5648	125. 8648	126. 2981	114. 2815
	LCL	83. 1465	88. 4299	94. 7298	95. 1632	83. 1465

如图 3 - 18 所示，玉米生产价格指数（x_{16}）呈现周期性波动趋势，主要体现玉米生产成本处于不断变化之中。由于价格指数大多位于 100 以上的区间，说明我国玉米生产成本长期处于上升状态，个别年份甚至逼近 120。玉米生产成本的大幅度增加一方面推升了玉米价格，另外一方面也不利于玉米生产。由于长时间玉米成本上升的幅度大于玉米价格，这会导致农民利益受损，从而不利于玉米生产的稳定。同时，玉米价格的上涨，将进一步凸显国外玉米的价格优势，我国玉米产业也会面临严峻的挑战。

17. x_{17}资金成本时间序列分析

资金成本（x_{17}）可用 Holt 指数平滑模型拟合，两参数估计值分别为：$9.854 \times e^{-5}$、0.995。

拟合模型如下：

$$\begin{cases} \tilde{x}_t = 9.854 \times e^{-5} x_t + (1 - 9.854 \times e^{-5}) \times (\tilde{x}_{t-1} + r_{t-1}) \\ r_t = 0.995 \times (\tilde{x}_t - \tilde{x}_{t-1}) + 0.005 r_{t-1} \end{cases}$$

拟合及预测结果如图 3 - 19、表 3 - 19 所示。

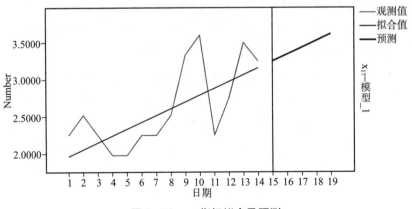

图 3 - 19 x_{17}指标拟合及预测

表 3 – 19 x_{17} 指标预测

模型		2015	2016	2017	2018	2019
x_{17} – 模型_1	预测	3.2502	3.3420	3.4338	3.5256	3.6175
	UCL	4.2054	4.2972	4.3890	4.4808	4.5727
	LCL	2.2950	2.3868	2.4786	2.5704	2.6622

资金成本 x_{17}，用于考察资金成本对于玉米生产的影响，资金成本是否带动了玉米生产成本的上升。由图 3 – 19 可见，资金成本处于稳中有升的状态。其中 2012 年资金成本进入一个新的上升通道，根据预测 2015 ~ 2019 年，如果不考虑调控因素资金成本将继续上升。这将给我国玉米生产的机械化、规模化增加成本，同时也对我国玉米整体竞争力的提升不利。

18. x_{18} 资金效率时间序列分析

资金效率（x_{18}）可用 Holt 指数平滑模型拟合，两参数估计值分别为：0.099、2.754 × e^{-6}。

拟合模型如下：

$$\begin{cases} \tilde{x}_t = 0.099x_t + 0.901 \times (\tilde{x}_{t-1} + r_{t-1}) \\ r_t = 2.754 \times e^{-6} \times (\tilde{x}_t - \tilde{x}_{t-1}) + (1 - 2.754 \times e^{-6}) \times r_{t-1} \end{cases}$$

模型拟合及预测结果如图 3 – 20、表 3 – 20 所示。

如图 3 – 20 所示，资金效率这里主要反映农业长期投资的资本效率。与资金成本相比资金效率波动趋势要平缓一些，资金效率在平稳中有所提高。这说明农业设备的长期购置资金成本没有大幅度提高，因此我国可利用这一优势加大玉米种植、加工机械化步伐，不断提高玉米竞争优势。

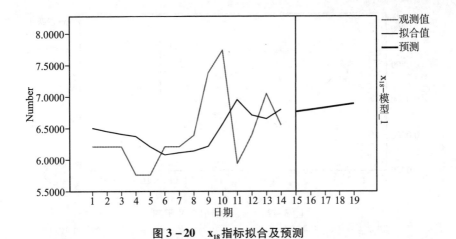

图 3 - 20　x_{18} 指标拟合及预测

表 3 - 20　　　　　　　　　　　　　　　　x_{18} 指标预测

模型		2015	2016	2017	2018	2019
x_{18} - 模型_1	预测	6.8044	6.8908	7.0372	7.1037	7.1601
	UCL	8.1241	8.1965	8.2688	8.3410	8.4133
	LCL	5.6847	5.7452	5.8057	5.8663	5.9269

19. x_{19} 玉米消费量变化率时间序列分析

x_{19} 拟合模型为 Brown 指数平滑模型，参数 α 估计值为 0.159，则拟合模型为：$\tilde{x}_t = 0.159 x_t + 0.841 \tilde{x}_{t-1}$ 模型拟合及预测结果如图 3 - 21、表 3 - 21 所示。

从玉米消费量变化率（x_{19}），在序列期处于无规律波动状态，从近期看玉米从长期来看玉米消费量增长迅速，2012 年达到最大值逼近 8%。玉米消费变化与下游产业密切相关，从现实情况看玉米相关产业要经历一个调整过程，因此未来几年玉米消费仍会增长，但速度会相应放缓。

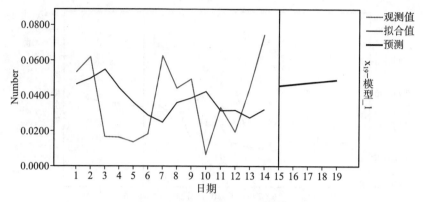

图 3 – 21　x_{19} 指标拟合及预测

表 3 – 21　x_{19} 指标预测

模型		2015	2016	2017	2018	2019
x_{19} – 模型_1	预测	0. 0367	0. 0367	0. 0367	0. 0367	0. 0367
	UCL	0. 0838	0. 0838	0. 0838	0. 0838	0. 0838
	LCL	– 0. 0103	– 0. 0103	– 0. 0103	– 0. 0103	– 0. 0103

20. x_{20} 玉米供给消费比率时间序列分析

通过实践序列建模，玉米供给消费比率可用常数模型拟合，表达式为 $\tilde{x}_t = 0.999$，模型拟合及预测结果如图 3 – 22、表 3 – 22 所示。

玉米供给消费比率（x_{20}），是反映国内玉米自给能力的重要指标，从图 3 – 22 及模型表达式可以看出，我国玉米总体上能够基本自给自足，呈现紧平衡状态。但个别年份也出现过供不应求的状况，如 2003 ~ 2007 年以及 2012 ~ 2014 年，其中 2003 年玉米供给需求比率逼近 1. 15，在不考虑不存的情况下，意味着有接近 15% 的玉米消费依赖进口。随着玉米消费的增加，如果产量增速下滑，我国玉米产业的进口依赖性将进一步提升。

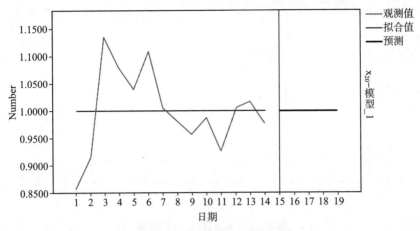

图 3 - 22　x_{20} 指标拟合及预测

表 3 - 22　　　　　　　　　　x_{20} 指标预测

模型		2015	2016	2017	2018	2019
x_{20} - 模型_1	预测	0.9986	0.9986	0.9986	0.9986	0.9986
	UCL	1.1622	1.1622	1.1622	1.1622	1.1622
	LCL	0.8350	0.8350	0.8350	0.8350	0.8350

21. x_{21} 外资市场控制时间序列分析

x_{21} 拟合模型为 Brown 指数平滑模型，参数 α 估计值为 0.812，则拟合模型为：$\tilde{x}_t = 0.812x_t + 0.188\tilde{x}_{t-1}$，模型拟合及预测结果如图 3 - 23、表 3 - 23 所示。

如图 3 - 23 所示，从市场控制的角度看，外资市场份额长期在 20% 以上，甚至个别年份超过 30%。只是在最近几年份额不断下降，但也都在 10% 以上。另外，由于整个玉米加工业产值处在增长态势，因此相对份额的下降不意味着外资企业收入的减少。

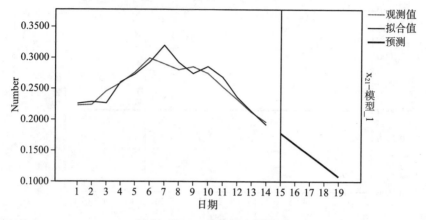

图 3 – 23　x$_{21}$指标拟合及预测

表 3 – 23　　　　　　　　　　　　　x$_{21}$指标预测

模型		2015	2016	2017	2018	2019
x$_{21}$ – 模型_1	预测	0.1781	0.1605	0.1429	0.1254	0.1078
	UCL	0.2050	0.2118	0.2230	0.2379	0.2563
	LCL	0.1512	0.1092	0.0629	0.0128	– 0.0407

22. x$_{22}$外资股权控制时间序列分析

x$_{22}$可用简单时间序列模型拟合，表达式为：$\tilde{x}_t = 0.987x_t + 0013\tilde{x}_{t-1}$，模型拟合及预测情况如图 3 – 24、表 3 – 24 所示。

从外资控制股权控制情况来看，外资控制总体上呈现先上升后下降的趋势，2004～2005 年上升至将近 30%，此后持续下跌，2009～2010年下降至不到 25%。近年又有所抬升，增长至 26% 左右。从总体来看外资股权控制均在 20% 以上，外资企业在玉米产业中有一定影响力，而近期外资股权控制又有一定的增加，说明外资企业在玉米行业的投资在增加，试图通过股权投资谋求发展机会。

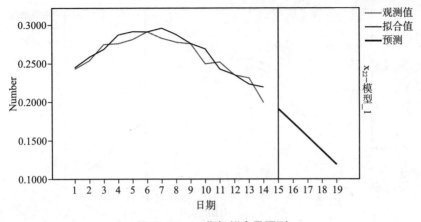

图 3 – 24 x_{22} 指标拟合及预测

表 3 – 24 x_{22} 指标预测

模型		2015	2016	2017	2018	2019
x_{22} – 模型_1	预测	0.1912	0.1731	0.1550	0.1369	0.1188
	UCL	0.2155	0.2075	0.2051	0.2068	0.2114
	LCL	0.1668	0.1387	0.1049	0.0671	0.0262

23. x_{23} 外资总资产控制时间序列分析

x_{23} 拟合模型为 Brown 指数平滑模型，参数 α 估计值为 0.615，则拟合模型为：$\tilde{x}_t = 0.615x_t + 0.385\tilde{x}_{t-1}$，模型拟合及预测情况如图 3 – 25、表 3 – 25 所示。

从外资总资产控制情况看，总体来看也是呈现波动上升而后波动下降的态势。根据模型估计 2018 ~ 2019 年外资总资产控制率将下降到 20% 以下。从外资控制的侧重点上看外资控制重点已从实物资产控制转向股权控制。

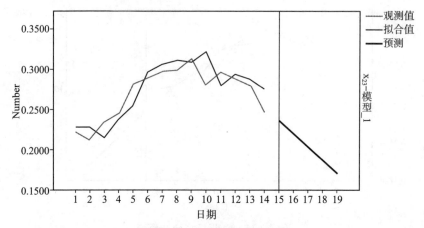

图 3 – 25 x_{23} 指标拟合及预测

表 3 – 25 x_{23} 指标预测

模型		2015	2016	2017	2018	2019
x_{23} – 模型_1	预测	0.2351	0.2193	0.2034	0.1876	0.1718
	UCL	0.2756	0.2835	0.2949	0.3093	0.3266
	LCL	0.1946	0.1551	0.1120	0.0659	0.0169

　　将各指标值计算结果及表 3 – 2 ~ 表 3 – 25 指标预测值进行汇总，从而得到所有分析所用的指标数据，计算结果如表 3 – 26 所示。

表 3 – 26   1999 ~ 2017 年玉米产业安全分析所用数据

年份	x_1	x_2	x_3	x_4	x_5	x_6	x_7	x_8	x_9	x_{10}	x_{11}
2001	0.001	0.003	– 0.284	0.0708	1.000	0.170	1.070	1.999	0.0764	– 0.172	0.129
2002	0	0.008	0.630	0.118	0.998	0.177	1.170	1.607	0.0631	– 0.234	– 0.059
2003	0	0.279	– 0.553	0.1586	1.000	0.1666	1.080	2.2505	– 0.0700	– 0.309	0.156
2004	0	0.231	0.0623	0.0277	0.998	0.1763	1.060	2.3420	0.1252	– 0.185	0.103
2005	0	0.174	– 0.186	0.0979	0.999	0.1784	1.060	2.3949	0.0698	– 0.036	– 0.045
2006	0.001	0.905	0.0290	0.0311	0.959	0.1877	1.120	2.1008	0.0875	0.037	0.142
2007	0	0.103	2.469	0.0421	0.986	0.1867	1.050	1.1721	0.0046	0.049	0.179
2008	0	0.099	2.131	0.0027	0.691	0.1921	1.080	1.3644	0.0893	0.333	– 0.031

续表

年份	x_1	x_2	x_3	x_4	x_5	x_6	x_7	x_8	x_9	x_{10}	x_{11}
2009	0	0.073	96.197	0.0016	0.223	0.1859	1.020	1.7357	-0.0115	0.002	0.131
2010	0.0079	0.955	3.830	0.0015	-0.850	0.1836	1.030	1.3397	0.0500	-0.035	0.065
2011	0.0056	0.962	-0.467	0.001	-0.944	0.195	0.923	1.319	0.120	0.200	0.133
2012	0.0277	0.982	0.413	0.006	-0.962	0.198	1.040	1.232	0.066	0.106	0.042
2013	0.0295	0.849	0.282	0.007	-1.11	0.198	0.973	1.135	0.032	0.058	0.089
2014	0.0315	0.849	0.395	0.007	-1.26	0.199	0.983	1.037	0.034	0.032	0.065
2015	0.0334	0.849	3.522	0.007	-1.413	0.202	0.875	0.939	0.033	0.018	0.077
2016	0.0353	0.849	2.881	0.007	-1.562	0.204	0.993	0.841	0.033	0.010	0.071
2017	0.0373	0.849	2.976	0.007	-1.704	0.205	0.927	0.743	0.033	0.005	0.074
2018	0.0368	0.849	2.988	0.007	-1.668	0.205	0.969	0.725	0.033	0.008	0.066
2019	0.0369	0.849	2.966	0.007	-1.698	0.204	0.938	0.725	0.033	0.007	0.066

年份	x_{12}	x_{13}	x_{14}	x_{15}	x_{16}	x_{17}	x_{18}	x_{19}	x_{20}	x_{21}	x_{22}	x_{23}
2001	1.000	0.689	0.612	0.369	—	2.250	6.2100	0.0167	1.134	0.1429	0.2750	0.234
2002	0.900	0.516	0.618	0.350	91.500	1.980	5.7600	0.0164	1.079	0.1605	0.2760	0.246
2003	0.974	0.349	0.627	0.338	104.600	1.980	5.7600	0.0137	1.038	0.1781	0.2813	0.281
2004	0.978	0.279	0.633	0.360	116.900	2.250	6.2100	0.0183	1.109	0.2993	0.2913	0.288
2005	0.956	0.258	0.659	0.337	98.000	2.250	6.2100	0.0625	1.005	0.2900	0.2829	0.297
2006	0.915	0.252	0.670	0.323	103.000	2.520	6.3900	0.0441	0.983	0.2805	0.2778	0.299
2007	0.963	0.256	0.679	0.315	115.000	3.330	7.3800	0.0493	0.957	0.2854	0.2758	0.312
2008	0.980	0.335	0.686	0.309	107.300	3.600	7.7400	0.0067	0.985	0.2747	0.2498	0.280
2009	0.901	0.311	0.691	0.310	98.5000	2.250	5.9400	0.0333	0.922	0.2527	0.2521	0.296
2010	0.966	0.274	0.699	0.306	116.100	2.750	6.4000	0.0194	1.006	0.2326	0.2522	0.289
2011	0.934	0.315	0.680	0.361	109.900	3.500	7.0500	0.0444	1.016	0.2118	0.2529	0.279
2012	0.929	0.325	0.686	0.344	106.600	3.250	6.5500	0.0745	0.975	0.1958	0.2598	0.247
2013	0.929	0.335	0.695	0.345	98.7140	3.250	6.9044	0.0396	0.999	0.1781	0.2598	0.235
2014	0.9245	0.3455	0.703	0.345	103.997	3.342	6.9708	0.0396	0.999	0.1605	0.2598	0.219
2015	0.9201	0.3559	0.712	0.345	110.297	3.433	7.0372	0.0396	0.999	0.1429	0.2598	0.203
2016	0.9157	0.3662	0.721	0.345	110.730	3.525	7.1037	0.0396	0.999	0.1254	0.2598	0.188
2017	0.9113	0.3765	0.7292	0.345	98.7140	3.617	7.1701	0.0396	0.998	0.1078	0.2598	0.172
2018	0.9114	0.3765	0.7299	0.345	99.771	3.628	7.0772	0.0358	0.999	0.1078	0.2599	0.177
2019	0.9114	0.3766	0.7200	0.345	99.891	3.688	7.0036	0.0337	0.975	0.1045	0.2432	0.171

注：2011 年农业产品指标分类依据最新《统计用产品分类目录》有所调整。因此 x_{16} 第一年指标空缺。

三、指标数据的无量纲化处理

由于玉米产业的评价指标较多，各指标的属性与量纲不尽相同。因此，为了进行综合比较分析，需要对各指标进行数据的无量纲化处理，以下就主要的数据无量纲好方法进行检验介绍。

（一）极值差标准化法

该方法的实质是对原始数据进行线性变换。首先计算出原始数据中的最大值以及最小值，然后将原始值通过极值标准化映射在区间 [0，1] 中。

令 $x'_{ij} = \dfrac{x_{ij} - m_j}{M_j - m_j}$ （$i = 1, 2, \cdots, n; j = 1, 2, \cdots, m$）

其中 $M_j = \max\limits_{1 \leqslant i \leqslant n}\{x_{ij}\}$，$m_j = \min\limits_{1 \leqslant i \leqslant n}\{x_{ij}\}$ （$j = 1, 2, \cdots, m$）。

则 $x'_{ij} \in [0, 1]$ 是无量纲的指标观测值。

（二）标准差标准化法

该标准化方法适用于当数据集合中数据的极值未知的情况，或者有超出取值范围的离群值的情况。计算公式如下：

令 $x'_{ij} = \dfrac{x_{ij} - \bar{x}_j}{s_j}$ （$i = 1, 2, \cdots, n; j = 1, 2, \cdots, m$）

其中 $\bar{x}_j = \dfrac{1}{n}\sum\limits_{i=1}^{n} x_{ij}, s_j = \left[\dfrac{1}{n}\sum\limits_{i=1}^{n}(x_{ij} - \bar{x}_j)^2\right]^{\frac{1}{2}}$ （$j = 1, 2, \cdots, m$）

显然指标 $x'_{ij}(i = 1, 2, \cdots, n; j = 1, 2, \cdots, m)$ 的均值和均方差分别为 0 和 1，即 $x'_{ij} \in [0, 1]$ 是无量纲的指标，称之为 x_{ij} 的标准观测值。

（三）功效系数法

该方法可将某一评价指标值标准化与某一区间内，其计算公式为：

令 $x'_{ij} = c + \dfrac{x_{ij} - m_j}{M_j - m_j} \times d$ （$i = 1, 2, \cdots, n; j = 1, 2, \cdots, m$）

其中 c, d 均为确定的常数。c 表示"平移量", d 表示"旋转量", 即表示"放大"或"缩小"倍数, 则 $x'_{ij} \in [c, c + d]$。譬如若取 c = 60, d = 40, 则 $x'_{ij} \in [60, 100]$。

（四）均值化处理法

每个指标的实际值除以各指标的均值, 相应的计算公式为:

$$x'_{ij} = \frac{x_{ij}}{\bar{x}_j} \quad (i = 1, 2, \cdots, n; j = 1, 2, \cdots, m)$$

基于上述四种方法的公式以及适用范围, 综合考虑本研究的数据特点, 本研究采用标准差法对原始数据进行标准化, 标准化后的数据见表 3 - 27。

表 3 - 27　　　　　1999 ~ 2017 年玉米产业安全指标无量纲化处理结果

年份	x_1	x_2	x_3	x_4	x_5	x_6	x_7	x_8	x_9	x_{10}	x_{11}
2001	- 0. 689	- 1. 384	- 0. 289	0. 621	0. 903	- 1. 316	0. 436	0. 233	0. 621	- 1. 035	0. 798
2002	- 0. 744	- 1. 373	- 0. 2472	1. 581	0. 901	- 0. 822	1. 743	- 0. 131	0. 431	- 1. 442	- 1. 907
2003	- 0. 744	- 0. 668	- 0. 301	2. 399	0. 903	- 1. 607	0. 567	0. 468	- 1. 470	- 1. 942	1. 191
2004	- 0. 744	- 0. 793	- 0. 273	- 0. 251	0. 900	- 0. 845	0. 306	0. 553	1. 318	- 1. 122	0. 423
2005	- 0. 744	- 0. 942	- 0. 284	1. 170	0. 903	- 0. 680	0. 306	0. 602	0. 527	- 0. 136	- 1. 702
2006	- 0. 696	0. 958	- 0. 275	- 0. 182	0. 865	0. 050	1. 089	0. 328	0. 780	0. 342	0. 997
2007	- 0. 744	- 1. 126	- 0. 163	0. 040	0. 890	- 0. 0281	0. 1750	- 0. 535	- 0. 405	0. 424	1. 538
2008	- 0. 744	- 1. 136	- 0. 179	- 0. 757	0. 622	0. 396	0. 567	- 0. 356	0. 806	2. 299	- 1. 498
2009	- 0. 744	- 1. 203	4. 120	- 0. 780	0. 206	- 0. 091	- 0. 217	- 0. 011	- 0. 635	0. 112	0. 834
2010	- 0. 222	1. 088	- 0. 101	- 0. 782	- 0. 770	- 0. 272	- 0. 087	- 0. 380	0. 244	- 0. 133	- 0. 124
2011	- 0. 376	1. 105	- 0. 297	- 0. 784	- 0. 855	0. 648	- 1. 485	- 0. 399	1. 238	1. 421	0. 863
2012	1. 089	1. 158	- 0. 257	- 0. 680	- 0. 872	0. 867	0. 044	- 0. 479	0. 477	0. 800	- 0. 453
2013	1. 217	0. 814	- 0. 263	- 0. 684	- 1. 006	0. 844	- 0. 828	- 0. 570	- 0. 0002	0. 485	0. 226
2014	1. 344	0. 814	- 0. 258	- 0. 685	- 1. 140	0. 993	- 0. 697	- 0. 661	- 0. 0004	0. 311	- 0. 124
2015	1. 472	0. 814	- 0. 115	- 0. 687	- 1. 274	1. 142	- 2. 095	- 0. 752	- 0. 0003	0. 216	0. 057

年份	x_1	x_2	x_3	x_4	x_5	x_6	x_7	x_8	x_9	x_{10}	x_{11}
2016	1.599	0.813	-0.144	-0.687	-1.409	1.292	-0.566	-0.843	-0.0003	0.163	-0.037
2017	1.727	0.814	-0.140	-0.687	-1.543	1.441	-1.438	-0.934	-0.0003	0.134	0.012
2018	1.715	0.812	-0.141	-0.687	-1.540	1.441	-1.453	-0.825	-0.003	0.139	0.010
2019	1.725	0.812	-0.139	-0.687	-1.542	1.440	-1.420	-0.825	-0.003	0.139	0.010

年份	x_{12}	x_{13}	x_{14}	x_{15}	x_{16}	x_{17}	x_{18}	x_{19}	x_{20}	x_{21}	x_{22}	x_{23}
2001	1.525	1.263	-1.243	0.965	-0.471	-0.957	-0.669	-1.121	2.104	1.319	0.811	-0.442
2002	-1.361	0.473	-1.106	0.240	-1.517	-1.400	-1.462	-1.137	1.248	1.159	0.822	-0.157
2003	0.786	-0.290	-0.905	-0.244	0.096	-1.400	-1.462	-1.283	0.611	0.828	0.929	0.663
2004	0.899	-0.612	-0.754	0.612	1.610	-0.957	-0.669	-1.035	1.712	0.527	1.115	0.852
2005	0.244	-0.711	-0.176	-0.255	-0.716	-0.957	-0.669	1.348	0.106	0.215	0.959	1.047
2006	-0.942	-0.735	0.063	-0.789	-0.101	-0.515	-0.352	0.356	-0.245	-0.026	0.863	1.092
2007	0.456	-0.719	0.275	-1.111	1.376	0.813	1.392	0.636	-0.654	-0.291	0.825	1.420
2008	0.948	-0.359	0.433	-1.349	0.428	1.255	2.026	-1.660	-0.213	-0.555	0.340	0.653
2009	-1.329	-0.467	0.546	-1.291	-0.655	-0.957	-1.145	-0.226	-1.187	-0.819	0.382	1.041
2010	0.541	-0.635	0.726	-1.468	1.511	-0.138	-0.334	-0.976	0.116	-1.082	0.0680	0.855
2011	-0.394	-0.447	0.298	0.666	0.748	1.091	0.811	0.372	0.267	-1.346	-0.001	0.627
2012	-0.521	-0.404	0.433	0.002	0.342	0.682	-0.070	1.994	-0.365	1.388	-0.605	-0.138
2013	-0.525	-0.356	0.628	0.054	-0.629	0.682	0.554	0.114	0.000	1.246	-0.754	-0.415
2014	-0.653	-0.309	0.823	0.054	0.022	0.832	0.671	0.114	0.000	1.319	-1.092	-0.792
2015	-0.781	-0.262	1.017	0.054	0.797	0.983	0.781	0.114	0.000	1.159	-1.429	-1.168
2016	-0.908	-0.214	1.212	0.054	0.850	1.133	0.905	0.114	0.000	0.828	-1.767	-1.545
2017	-1.036	-0.167	1.407	0.054	-0.629	1.284	1.022	0.114	0.000	0.527	-2.105	-1.922
2018	-1.040	-0.167	1.450	0.054	0.744	1.288	1.022	0.114	0.000	0.536	-2.100	-1.866
2019	-1.040	-0.167	1.388	0.054	0.800	1.324	1.032	0.114	0.000	0.533	-2.056	-1.872

第四章

玉米产业安全动态评价与变化趋势分析

第一节 中国玉米产业安全度的模糊综合评价法估算

一、因子分析结果

将标准化的数据输入 spss15.0 软件，利用其因子分析模块，得到结果，如表 4-1 所示，因子模型一共提取了 7 个主成分：

第一主成分 f_1，同 zx_1 玉米进口依赖指标、zx_2 玉米进口国别依赖系数、zx_5 贸易竞争力指数、zx_6 效率优势指标、zx_7 规模优势指数、zx_{12} 玉米种子控制率、zx_{22} 外资股权控制、zx_{23} 外资总资产控制 7 个指标的载荷系数较高。这 7 个指标主要反映了玉米进口以及外资控制因素对玉米产业安全的影响，因此可以称为进口投资控制因子。

第二主成分 f_2 同 zx_4 国际市场占有率、zx_{17} 资本成本、zx_{18} 资本效率这四个指标的载荷比较高。玉米库存实际上可部分反映玉米收储情况，可作为玉米生产供应成本的政策考量。而资金成本和资金效率这两个指标是反映融资方面对产业安全的影响。因此第二主成分可以称为玉米生产外部影响因子。

第三个主成分 f_3 与 zx_9、zx_{12}、zx_{16} 玉米总产量年增长率、玉米库存变化率两个变量以及玉米生产价格指数载荷系数较高。这三个指标主要反映了国内玉米生产的产量及价格的波动情况。第三个主成分命名国内供给稳定因子。

第四主成分 f_4 与 zx_8、zx_{13}，分别是产业价格竞争力指数以及玉米库存消费比两个指标有较高的载荷。国际玉米价格是否具有比较优势，可作为我国利用国际玉米市场补充库存的重要依据。而玉米库存消费比则是玉米库存预警的重要指标。因此，第四主成分可界定为玉米国内库存稳定因子。

第五主成分 f_5 与 zx_{19} 玉米供给消费比率、zx_{20} 玉米消费量变化率两个指标具有较高载荷系数，玉米供给需求比率是反映玉米市场需求方面的指标。第五主成分命名为玉米市场需求因子。

第六主成分 f_6 与 zx_3 玉米副产品进口增长率有较高载荷，玉米副产品进口可作为玉米进口的重要替代，近年来玉米副产品进口的增长及波动规律更加明显。第六主成分可以称为玉米副产品进口依赖因子。

第七主成分 f_7 与 zx_{11} 玉米价格变化率指标有较高的因子载荷，说明该主成分是从价格变化的规律出发考察玉米产业安全，因此可称为价格波动因子。

从因子分析结果可知，外资控制以及进口依赖已成为影响我国玉米产业系统安全的主要因素，因此在指标权重的确定及后文分析过程中，应重点考虑这些方面。

表 4 - 1　　　　　　　　　　　主成分负荷矩阵

	成分						
	1	2	3	4	5	6	7
Zscore（x1）	0.825	- 0.435	- 0.211	- 0.127	- 0.017	0.080	- 0.106
Zscore（x2）	0.662	- 0.363	0.067	0.110	0.235	0.435	0.013
Zscore（x3）	- 0.010	0.231	0.411	- 0.734	0.124	- 0.325	0.214
Zscore（x4）	- 0.827	- 0.184	- 0.196	- 0.087	- 0.094	0.110	- 0.300

	成分						
	1	2	3	4	5	6	7
Zscore（x5）	−0.907	0.262	0.142	0.149	−0.059	−0.058	0.073
Zscore（x6）	0.954	−0.078	0.083	0.005	−0.079	0.014	0.215
Zscore（x7）	−0.814	0.061	0.107	0.098	−0.247	0.052	0.173
Zscore（x8）	−0.736	−0.285	0.259	0.057	−0.008	0.094	−0.347
Zscore（x9）	0.378	0.581	−0.358	0.243	−0.209	0.208	0.464
Zscore（x10）	0.654	0.187	0.506	0.363	−0.210	−0.132	0.217
Zscore（x11）	0.134	0.237	−0.004	−0.057	0.891	−0.050	0.143
Zscore（x12）	−0.587	−0.095	0.052	0.627	0.239	−0.246	−0.167
Zscore（x13）	−0.500	−0.745	0.092	0.200	0.059	−0.235	0.259
Zscore（x14）	0.910	0.256	0.027	−0.216	−0.072	−0.020	−0.201
Zscore（x15）	−0.292	−0.726	−0.166	0.297	0.177	0.113	0.389
Zscore（x16）	0.447	0.599	−0.163	0.308	0.382	0.031	−0.208
Zscore（x17）	0.888	−0.064	0.131	0.307	−0.074	−0.154	−0.174
Zscore（x18）	0.750	0.077	0.167	0.474	−0.118	−0.302	−0.146
Zscore（x19）	0.158	−0.424	0.566	0.051	0.022	0.577	−0.045
Zscore（x20）	−0.086	0.372	−0.875	0.050	−0.080	0.054	−0.022
Zscore（x21）	−0.115	0.903	0.285	0.106	−0.069	0.186	−0.034
Zscore（x22）	−0.840	0.491	0.106	0.128	0.024	0.087	0.077
Zscore（x23）	−0.354	0.847	0.293	0.044	0.098	0.167	0.018

注：提取方法：主成分。已提取了7个成分。

二、我国玉米产业安全度的模糊估算结果

（一）指标警限的设置

本节将玉米产业系统安全指标警限状态分为以下四种，分别是安全状态、基本安全状态、不安全状态、危机状态，对应的给出了安全等级，分别是 A、B、C、D 四种，并规定四种状态下不同的分数范围，分别是 [0，20]，[20，50]，[50，80]，[80，100]。规定分数越大，危险越大。根据各指标含义、变化趋势及对玉米产业的影响的不同，本研

究主要借鉴张昕（2010）等有关专家对产业安全警限值设计的思路，并结合玉米产业的特点，设置玉米产业系统安全指标处于不同安全状态的警限，如表4-2所示：

表4-2　　　玉米产业系统安全指标处于不同安全状态的警限

指标	安全状态			
	安全	基本安全	不安全	危机
玉米进口依赖系数	2 - 5	1 - 2 或 5 - 15	0.5 - 1 或 15 - 20	0.5 - 或 20 +
玉米进口国别依赖系数	0.2 -	0.2 - 0.3	0.3 - 0.5	0.5 +
玉米副产品进口增长率	0.5 -	0.5 - 1	1 - 1.5	1.5 +
国际市场占有率	0.07 +	0.07 - 0.04	0.04 - 0.02	0.02 -
贸易竞争力指数	1.00 - 0.50	0.50 - 0.00	0.00 - (- 0.50)	(- 0.50) - (- 1.00)
规模优势指数	0.15 +	0.10 - 0.15	0.05 - 0.10	0.05 -
效率优势指数	1.00 +	0.90 - 1.00	0.90 - 0.70	0.70 -
产业价格竞争力指数	1.00 - 0.50	0.50 - 0.00	0.00 - (- 0.50)	(- 0.50) - (- 1.00)
玉米总产量年增长率	0.05 +	0.00 - 0.05	0.00 - (- 0.01)	(- 0.01) -
玉米库存变化率	$|x| < 0.10$	$0.10 < |x| < 0.15$	$0.15 < |x| < 0.20$	$|x| > 0.20$
玉米价格变化率	$|x| < 0.02$	$0.02 < |x| < 0.05$	$0.05 < |x| < 0.07$	$|x| > 0.07$

续表

指标	安全状态			
	安全	基本安全	不安全	危机
国内玉米种子控制率	0.95 +	0.75 – 0.95	0.75 – 0.60	0.60 –
玉米库存消费比	0.3 – 0.5	0.2 – 0.3 或 0.5 – 0.6	0.1 – 0. 或 0.6 – 0.7	0.1 – 或 0.7 +
劳动力素质	0.15 +	0.10 – 0.15	0.05 – 0.10	0.05 –
劳动力成本	0.35 –	0.35 – 0.50	0.50 – 0.60	0.60 +
玉米生产价格指数	100 –	100 – 110	110 – 120	120 +
资金成本	0 – 3.00	3.00 – 5.00	5.00 – 7.00	7.00 +
资金效率	0 – 7.00	7.00 – 10.00	10.00 – 15.00	15.00 +
玉米供给消费比率	0.9 +	0.8 – 0.9	0.8 –	0.6 –
玉米消费量变化率	0.03 – 0.10	0 – 0.3 或 0.10 – 0.13	– 0.3 – 00.13 – 0.16	– 0.3 – 或 0.16 +
外资市场控制	30 –	30 – 40	40 – 50	50 +
外资股权控制	30 –	30 – 40	40 – 50	50 +
外资总资产控制	30 –	30 – 40	40 – 50	50 +

（二）安全度的计算

1. 将指标值映射到分数值的相关公式

为了对不同时期我国玉米产业的安全状态进行评估，需要把各指标的评分值转换为可以评价的分数，即必须把评分转换到（0，100）之间。

映射公式指标值越小越安全的指标，用以下公式表示，F_{ij}是指标的分数：

$$F_{ij} = 分数下限 + (指标值 - 警限下限) \times \frac{分数上限 - 分数下限}{警限上限 - 警限下限}$$

$$(4-1)$$

指标值越大越安全的指标：

$$F_{ij} = 分数上限 + (指标值 - 警限下限) \times \frac{分数上限 - 分数下限}{警限上限 - 警限下限}$$

$$(4-2)$$

某一点处于安全状态时，又分为两种情况：

$$F_{ij} = 2 \times \left| 指标值 - \frac{警限上限 + 警限下限}{2} \right| \times \frac{分数上限 - 分数下限}{警限上限 - 警限下限}$$

$$(4-3)$$

指标值越大越安全的指标，用公式表示：

$$F_{ij} = 分数下限 - (指标值 - 警限下限) \times \frac{分数上限 - 分数下限}{警限上限 - 警限下限}$$

$$(4-4)$$

指标值越小越安全的指标，用公式表示：

$$F_{ij} = 分数下限 + (指标值 - 警限下限) \times \frac{分数上限 - 分数下限}{警限上限 - 警限下限}$$

$$(4-5)$$

2. 权重的确定及合成计算模型

本研究利用熵权法确定各指标的权重，由于模糊综合评价法是以模糊数学以及信息论的相关原理为基础，被评价对象的复杂隶属关系进行多因素综合评价。由于产业安全概念本身具有模糊性，因而建立基于模糊综合评价法的产业安全评价模型，比传统的评价模型更科学合理。在模糊评价中，权重的确定是重点也是难点，根据系统论的最新研究成果，熵是度量系统无序程度的一个变量，可用来度量信息量指标。熵权法模糊综合评价模型的实施过程如下。

第一，建立评价指标体系 U，见公式（4-6），即评价指标体系中有 m 个评价指标。

$$U = \{u_1, u_2, u_3, \cdots, u_m\} \tag{4-6}$$

第二，建立评价等级域 V，见式（4-7），即一个属性集，为评价玉米产业安全的 n 个方面。

$$V = \{v_1, v_2, v_3, \cdots, v_n\} \tag{4-7}$$

通过原始数据采集可得到原始数据矩阵 X，见式（4-8）。

$$X = \begin{bmatrix} x_{11} & x_{12} & \cdots & x_{1n} \\ x_{21} & x_{22} & \cdots & x_{2n} \\ \vdots & \vdots & \vdots & \vdots \\ x_{n1} & x_{n2} & \cdots & x_{nm} \end{bmatrix}_{n \times m} \tag{4-8}$$

第三，将原始数据进行标准化处理，见式（4-9）。

$$令 \ x'_{ij} = \frac{x_{ij} - \bar{x}_j}{s_j} \ (i = 1, 2, \cdots, n; \ j = 1, 2, \cdots, m) \tag{4-9}$$

其中 $\bar{x}_j = \frac{1}{n}\sum_{i=1}^{n} x_{ij}$，$s_j = \sqrt{\frac{1}{n}\sum_{i=1}^{n}(x_{ij} - \bar{x}_j)^2}$，$j = 1, 2, 3, \cdots, m$，$x_{ij}$ 为样本观测值。

第四，根据标准化数据计算得出隶属关系矩阵 R，见式（4-10）。

$$R = (r_{jk})_{n \times m} = \begin{bmatrix} r_{11} & r_{12} & \cdots & r_{1n} \\ r_{21} & r_{22} & \cdots & r_{2n} \\ \vdots & \vdots & \vdots & \vdots \\ r_{n1} & r_{n2} & \cdots & r_{nm} \end{bmatrix}_{n \times m} \tag{4-10}$$

其中 r_{jk} 为评价指标体系 U 中第 j 个指标对于评价等级域 V 中第 k 个等级 v_k 的相对隶属度。

第五，指标权重的确定。采用熵权法进行权重赋值，对于 m 个评价指标 n 个评价方面的问题，其中第 j 个指标的熵定义见式（4-11）。

$$H(x_j) = -k\sum_{i=1}^{n} z_{ij}\ln z_{ij}, \ j = 1, 2, \cdots, m \tag{4-11}$$

式中：$z_{ij} = \dfrac{r_{ij}}{\sum\limits_{i=1}^{n} r_{ij}}$，$k = \dfrac{1}{\ln n}$

则第 j 个指标的权重值为 d_j，见式（4-12）。

$$d_j = \frac{1 - H(x_j)}{m - \sum\limits_{j=1}^{m} H(x_j)}, \quad j = 1, 2, \cdots, m \quad (4-12)$$

式中：$0 \leqslant d_j \leqslant 1$，$\sum\limits_{j=1}^{m} d_j = 1$。

由于表 3-26 已经计算得出各指标的标准化数据，利用式（4-11）、式（4-12）即可计算出各指标的权重值，计算结果如表 4-3 所示。

表 4-3　　　　　　　　　　　各指标权重赋值表

分类指标	熵权	明细指标	明细熵权
产业进口依赖指标	0.15	玉米进口依赖系数 x_1	0.026
		玉米进口国别依赖系数 x_2	0.064
		玉米副产品进口增长率 x_3	0.060
产业国际竞争力指标	0.1	国际市场占有率 x_4	0.022
		贸易竞争力指数 x_5	0.018
		规模优势指数 x_6	0.016
		效率优势指数 x_7	0.024
		产业价格竞争力指数 x_8	0.020
产业自给率指标	0.3	玉米总产量年增长率 x_9	0.048
		玉米库存变化率 x_{10}	0.072
		玉米价格变化率 x_{11}	0.055
		国内玉米种子控制率 x_{12}	0.065
		玉米库存消费比 x_{13}	0.060
产业国内供给环境指标	0.25	劳动力素质 x_{14}	0.022
		劳动力成本 x_{15}	0.038
		玉米生产价格指数 x_{16}	0.036
		资金成本 x_{17}	0.024
		资金效率 x_{18}	0.032
		玉米供给消费比率 x_{19}	0.068
		玉米消费量变化率 x_{20}	0.030

分类指标	熵权	明细指标	明细熵权
外资产业控制度指标	0.2	外资市场控制 x_{21}	0.077
		外资股权控制 x_{22}	0.080
		外资总资产控制 x_{23}	0.043

3. 计算结果

计算得出模糊评价结果并将指标值映射到分数值。将权重值向量 d 与隶属关系矩阵 R 根据矩阵的运算法则合成得到模糊评价值，见式（4-13）。

$$B = d \times R \tag{4-13}$$

式中：B 为玉米安全评估结果；d 为评价指标权重向量，$d = \{d_1, d_2, d_3, \cdots, d_m\}$。

为了对不同时期中国玉米产业的安全状态进行评估，需要把各指标的评分值转换为可以评价的分数，利用式（4-1）~式（4-5）将评分转换到 [0，100] 之间，并依据该得分给出对应的安全状态。如表4-4所示。

表4-4   2001~2019 年中国玉米产业安全评价结果

年份	产业进口依赖	产业国际竞争力	产业自给率	产业国内供给环境	外资产业控制度	综合得分	安全级别
2001	32.6936	70.3269	36.2366	56.3698	39.0523	45.2743	B
2002	31.3696	65.3269	41.3626	45.3698	40.3232	43.5077	B
2003	30.1236	71.3696	38.3695	61.3699	46.5696	48.4364	B
2004	35.6396	62.3065	36.3036	60.3698	48.5663	47.8771	B
2005	30.3698	61.2055	41.699	52.3365	50.3269	46.8586	B
2006	38.8979	59.5296	40.3699	60.1232	51.2636	49.7834	B
2007	45.4596	47.8569	44.3669	59.6986	51.2899	54.3343	C
2008	44.9685	47.3696	44.3698	61.2313	52.3232	49.1780	B
2009	48.4563	62.3653	49.3691	52.3698	52.0563	52.3431	C

年份	产业 进口依赖	产业 国际竞争力	产业 自给率	产业国内 供给环境	外资产业 控制制度	综合得分	安全 级别
2010	58. 9696	89. 3696	50. 3696	72. 3699	53. 2323	58. 9759	C
2011	60. 9698	62. 1263	52. 3366	65. 3694	55. 2363	59. 1024	C
2012	56. 2198	74. 3696	53. 6982	63. 3699	57. 5230	59. 9602	C
2013	54. 3695	75. 6396	53. 3692	63. 3269	57. 2363	59. 2824	C
2014	53. 9696	76. 6396	55. 0366	59. 6699	58. 1223	59. 4090	C
2015	58. 6939	71. 3696	54. 3692	59. 3698	60. 1120	58. 2304	C
2016	60. 8496	72. 6396	50. 3661	58. 3998	60. 0230	58. 0024	C
2017	64. 5985	70. 3696	51. 2366	52. 3369	59. 0327	57. 8918	C
2018	64. 6068	70. 2369	49. 6983	52. 9699	62. 0023	57. 6982	C
2019	64. 5058	70. 0023	49. 3695	53. 0069	61. 9969	56. 2395	C

第二节　中国玉米产业安全评价与趋势分析

一、总体综合评价

从总体情况看，从表4-4中可以看出，2001~2019年19年的玉米产业安全度估算中可以看出，国内玉米产业安全呈现阶段性特征。2001~2006年我国玉米产业安全评级为安全，而2007~2019年除2008年外均评价为不安全，其中2012不安全程度达到最高，随后特别是预测期（2015~2019年）不安全程度有所回落。原因是分析期的前半段（2001~2006年），我国玉米消费增长幅度不快，玉米自给率较高，玉米进口依赖性不强，国际粮商在我国的布局控制加强，但我国玉米供大于求，库存充足，产业控制对我国玉米产业的影响有限；而到了分析期的后半段（2007~2019年），我国玉米供需形势发生变化，玉米市场在个别年份呈现紧平衡状态，而且受极端天气的影响，2011~2012年度美国玉米产量下滑，国际玉米市场的不确定性增加。与此同时我国玉米及其副产品进口量大幅增加，进口依赖性增强，国际资本对我国玉米产业股权控制加强。在国内玉米产量增速低于消费增速的情况下，国际玉米市场的波动及资本控制对我国玉米产业安全产生不利影响。以下就各部分进行分析。

二、各部分变化趋势分析

（一）玉米产业自给率安全度变化趋势分析

如图4-1所示，从产业自给率指标的安全度评分来看，该指标评分在五大分指标中安全度评分最低，说明从产业安全角度，产业自给率指标安全程度较高；从分数的分布情况看，2001~2011年产业自给率安全度评分逐渐升高，但都在50分以下，表明这个阶段该指标安全的分值属于安全与基本安全这个范畴。2011~2016年产业自给率安全度评分超过50分，逼近60分，说明该指标已处于不安全状态。这主要是因为虽然我国玉米生产能力逐步扩充，但玉米消费量增长速度更快，2010~2014年我国玉米产量从163974万吨增加到217000万吨，平均增长率6%，而同期的玉米消费从165000万吨增至216000万吨，平均增长率为10%，大大超过玉米产量增速。

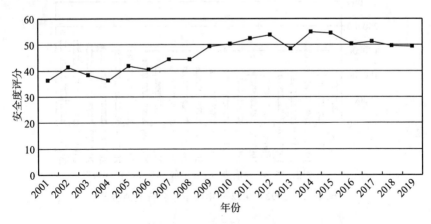

图4-1 2001~2019年产业自给率指标安全度评分

玉米消费增长高于玉米增产速度导致玉米自给率指标整体安全程度下降，而玉米消费中饲料消费与工业消费的增长是主要原因。图 4 - 2 中我国玉米消费中饲料消费所占比例为 64%，工业消费比例为 28%，两项合计为 90%。而根据统计 1991 ~ 2011 年这两项消费始终处于增长状态，工业消费增长速度较快，饲料消费增长数量较多（图 4 - 3、图 4 - 5）。从饲料行业来看，玉米原料消费中的比例高达 38.3%（图 4 - 4），因此饲料行业高度依赖玉米原料，小麦和大豆的替代性有限。1998 ~ 2001 年饲料行业玉米消费从 80000 吨左右，增长到超过 120000 吨，而且未

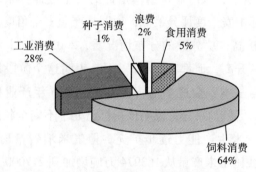

图 4 - 2　中国玉米消费结构

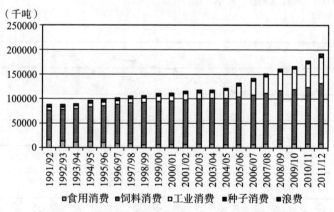

图 4 - 3　1992 ~ 2012 年中国玉米分行业消费量

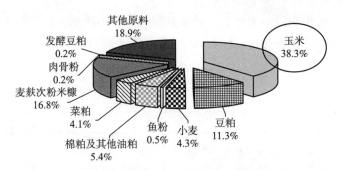

图 4 - 4　玉米在饲料原料消费中的比例

图 4 - 5　1999~2012 年中国玉米饲料消费

来玉米饲料消费的增长趋势仍然明显。与此同时，玉米加工业玉米消费量也在增加，1998~2011 年从不到 1000 万吨增加至 5000 多万吨。饲料以及玉米加工业的需求抬高了整体的需求量，玉米供需形势趋紧，如果玉米增产幅度不能有效增加，我国玉米产业原料的自给率将下降。

（二）玉米产业外资控制安全度变化趋势分析

从外资产业控制情况来看，安全度得分波动趋势更加明显，2001~2007 年经历了一个波动上升的阶段，主要原因是我国玉米种业及饲料行业的逐步开放，相关行业受到一定冲击，外资控制力明显增强；2008~

2013 年，由于我国加大对玉米种业及饲料行业的扶持，民营资本的迅速
壮大，外资的渗透放缓；2014 年起外资产业控制又开始逐步加强，如
图 4 - 6 所示。

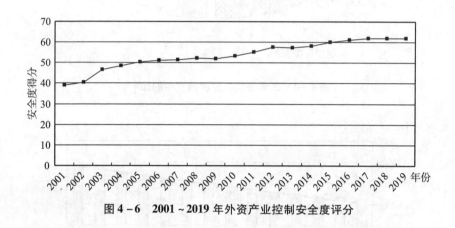

图 4 - 6 　2001 ~ 2019 年外资产业控制安全度评分

从产业控制安全度评分及玉米产业发展现状看，国有资本仍然在玉
米产业链中处于优势地位。在我国的玉米加工产业中，国有大型粮食加
工企业以及几家民营玉米加工企业占据着重要地位。例如，国营粮食企
业中，主要以中粮集团为代表，其下属的多家子公司都在从事玉米加工
行业，并在全国范围内广泛布局，在国内玉米主产区都设立了办事机
构，主要产品更是涵盖了包括饲料、玉米油等各类玉米深加工产品。民
营玉米加工企业也有几家颇具规模，例如，长春大成集团年加工玉米
300 万吨，主要从事玉米类氨基酸产品的加工。此外，山东西土集团也
具备 240 万吨玉米的深加工能力，该集团是亚洲最大的食用玉米转化葡
萄糖、玉米食用油以及无水葡萄糖等产品的供应商。此外，还有一些玉
米加工民营企业，如黑龙江省青冈县龙凤玉米加工有限等企业，也逐渐
成长为玉米加工产业的骨干，并与其他企业形成合力共同促进我国玉米
加工行业的发展。

当前，外资企业在国内玉米加工产业中的市场势力有限。但国际粮
食企业加紧了在我国渗透的步伐，四大国际粮商，加紧在玉米产业链布

局。美国 ADM 公司虽然仅在我国广州和菏泽设立了两家公司，生产的产品品种也十分有限，但外资方正加紧收购中资股份，试图加速控股的步伐。邦吉公司原来主要从事大豆加工以及贸易产业业务，现已参股几家玉米加工企业，或采取技术入股的方式，进行合资、合作经营。嘉吉公司在国内玉米产业的业务更加迅速，2000 年初其旗下有两家全资玉米加工企业。近年来又分别在天津、大连以及秦皇岛各新成立了一家主要生产淀粉糖类的生产企业。路易达孚公司近些年开始转变经营模式向玉米加工领域扩张。除此之外，丰益国际集团的金龙鱼玉米油在我国同类产品中占有率比较高。综合来看，当前，国际粮商在玉米加工领域的资本以及市场控制虽然不占优势，但其投资的趋势与步伐正在逐步展开。

可以看出，近年来跨国粮商大举在我国玉米加工及流通领域布局，其目的也不再是简单盈利，其中的战略意义值得关注。农产品位于产业链的上游，对整个产业及国民经济起到"牵一发而动全身"的作用。以玉米为例：1 吨玉米大约可以产出 0.15 吨玉米、0.69 吨玉米酒糟，还可以用于生产赖氨酸、玉米淀粉等其他产品，这些副产品是畜牧业的饲料来源。在常见的蛋白质饲料中，鱼粉由于价格较高，主要用于高端产品，市场销路有限，豆粕营养不够全面，所以玉米成为饲料产业最主要的原料，如前文所述，玉米占全部饲料原料的 65% 左右。改革开放几十年来，中国饲料以及畜牧产业虽然取得了长足的进步，但由于生活水平，以及国民消费水平的不断提高，各类副食品的人均占有量不断增加，但是，人均消费量仍与世界平均消费水平有一定差距，有很大的上涨空间。因此，外资在畜牧业、饲料加工业以及肉制品加工业投资方面意图十分明显。

此外，玉米产业也逐渐成为国外投机资本与热钱的重要目标，2006 ～ 2007 年，世界著名投资银行摩根士丹利就投资将近 3 亿美元在我国四川、湖南等地区大举收购了十余家专业养猪场，并开始进军饲料加工行业。国际投资者的投资重心转向玉米产业链，暗示着国际资本的投资战略规划正在发生深刻变化。战略投资者已经逐渐放弃单纯的投机，转向实体经济，特别关注农业相关产业未来的发展机会。外国投资者关注农业的原因主要有以下几点：第一，我国非常重视农业基础设施建设以及科技投资，2012 年农业领域的投资比 2011 年同比增加了 77%，而且我国对农业领域的外商投资持越来越开放的态度，因此国内投资需求的增加以及投资环境的改善为国际投资者创造了良好的机遇。针对居民人均肉类食品消费的增长的态势，国家适时出台了各项惠农政策为这个行业的发展注入新的动力，因而以生猪为代表的畜牧产业在中国未来依然具有很大发展潜力和空间无限。第二，以原油为代表的石化能源价格持续上涨，这将进一步带动以玉米乙醇为代表的生物质能源的生产，而这部分新增的玉米需求势必打破原有的供需格局，助推猪肉价格上涨，国际玉米及原油市场行情的波动能够比较快地通过价格传导引起国内价格的变动。显然，国际金融资本在我国玉米加工业以及畜牧业，不仅可以在商品期货市场获取暴利，还可以通过大宗商品价格之间的传导作用，在饲料以及畜牧业等相关产业进行套利投机。第三，中国的农业产业规模化程度不高，实力较弱。在这样的产业环境下，国外资本很容易通过直接或间接的控制手段控制部分企业，甚至整个行业。以生猪养殖业为例，由于市场不够集中，大多数为中小企业，因此外国资本即使大规模收购也不容易形成垄断。更加令人关注的是，在关系国计民生的重要行业，如交通、电讯、金融等几大行业领域，中国对外资的进入均持谨慎态度，有严格的准入限制。但是对于农业，准入门槛较低，使外资的恶意并购有机可乘。进一步归纳分析，当前玉米产业外资进入呈现出以下新特点：

1. 定价权控制更加明显

玉米期货市场对于玉米市场价格形成起到了非常重要的作用。目前我国玉米期货价格随美国芝加哥商品期货交易所期货价格变动明显，所以 CBOT 的期货价格波动，将对我国玉米市场产生价格输入效应，而且国内玉米生产企业购买美国、阿根廷等国家的进口玉米通常也采用 CBOT 的价格作为交易价格。因此，掌控粮源的国际粮商很容易干扰市场价格形成机制，恶意操纵价格，从而牟取暴利。由于控制了定价权，跨国粮商将根据自己的利益诉求控制玉米价格，不仅会扰乱国内玉米市场，而且国际资本会利用这种优势控制下游产业链，威胁我国玉米产业安全。

2. 产业链控制更加隐蔽

当前，国际资本并购直指产业控制权，以高盛、摩根士丹利为代表的投资机构的经营战略与盈利模式更加多元化，海外并购重点也由产业链控制向价值链控制转变。在具体策略上，跨国投资机构已经放弃对中小企业的吞并与整合，利用国企改制时机，加大力度对玉米加工企业的并购力度，抢夺战略制高点，显然其意图已经不再仅仅是单纯实现其商业目的，更多的是为了实现其战略意图，即实现对整个市场的操控。

3. 整体并购的战略意图更加明显

国际资本的联合是当期并购的又一趋势，它们之间既有跨国巨头之间的商业联合，也有与投资基金公司或投资银行的资本合作。从战略的角度看，玉米产业只是其中的一个环节，主要意图是战略投资，这种投资目的主要是为了整体套利，会对整个产业产生影响。

4. 资本进入退出壁垒小、意图打持久战

当前外国资本十分重视研究我国市场特点，主要将投资重点指向受宏观经济影响小的行业以及产业链上游，这样可以通过私募股权基金等形式，增资扩股或实现股权转让进而实现企业控制。进入企业一般以投机为主，通过上市或并购寻求套利的机会。这样做既节约成本，又可以进一步拓展私募股权的品牌效应。

5. 利用产业链的辐射、获得海外收益

近年来外资农产品企业在我国市场份额下降，体现出外资并购另一个趋势，以玉米产业为例，跨国资本控制玉米产业的目的不仅是在国内获利，更是为了实现其全球资源配置的目的，通过饲料等加工产品的出口在海外寻求更大的利润[112]。

（三）玉米产业进口依赖安全度变化趋势分析

如图 4-7 所示，从产业进口依赖性指标安全度评分来看，2001～2009 年 9 年间中国玉米进口依赖性比较低。从 2010 年起中国玉米进口依赖性渐提升，安全度也从安全转变为不安全。

图 4-7　2001～2019 年产业进口依赖指标安全度评分

如图 4-8 所示，从实际状况看，2010 年以前，中国玉米贸易一直保持着较高的出口水平，中国是世界第二大玉米主产国。此后，随着国内需求量的上升，玉米出口基本停止。中国进口玉米的年份屈指可数，1994～1995 年，由于国内玉米减产，导致进口量上升，1994～1995 年以及 1995～1996 年两个时间段，玉米进口数量超过 100 万吨，分别为429 万吨和 148 万吨。特别需要关注的是，2010 年之后中国主要从美国进口玉米，2010～2012 年，中国对美国玉米进口的依赖性高达 99%，如果美国玉米市场发生波动，则会影响中国玉米进口需求，进而对玉米产业产生影响，过高的国别依存度使中国玉米产业容易受到依赖国玉米市场的影响和控制。

图 4 – 8   2001～2012 年中国玉米进出口量

从玉米进口的国别依赖性来分析，近年来我国不仅进口量逐步增加，玉米的进口来源地也很集中，前三大进口来源一般占到我国玉米进口总额的 90% 以上。近几年，由于我国进口需求的持续增加以及东南亚国家玉米供给不够稳定等原因，2010 年之后我国主要从美国进口玉米，2010～2012 年，我国对美国玉米进口的依赖性高达 99%（见图 4 – 9），如果美国玉米市场发生波动，则会影响我国玉米进口需求，进而对玉米产业产生影响。

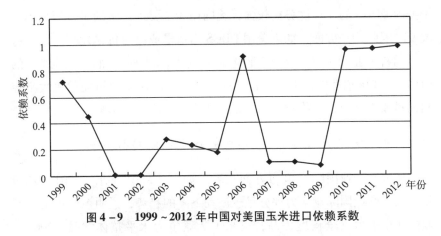

图 4 – 9   1999～2012 年中国对美国玉米进口依赖系数

另外，值得注意的是，我国 DDGS 进口量激增。DDGS（Dried distillers grains with solubles）是酒糟蛋白饲料的商品名。因其蛋白质含量丰富，DDGS 广泛用于饲料原料，具有很高的经济价值。从生产工艺上看，生产燃料乙醇的主要副产品是 DDGS，据测算，生产 1 吨燃料乙醇大约可以同时生产 0.85～1 吨 DDGS（黄季焜、仇焕广，2010）。所以同一个加工流程中，能够产出两种产品，这样可以避免浪费，大大地提高玉米利用效率。另外，DDGS 不受进口配额的限制，不存在进口上限，所以对玉米的进口需求可以部分的转化为 DDGS 进口。中国主要从美国进口 DDGS，2008 年中国从美国进口 DDGS 数量较少仅为 1.18 万吨，2009 年进口量猛增至 54.23 万吨量，占美国 DDGS 总出口量的9.61%，2010 年 DDGS 进口量更达创历史新高，增至 252.87 万吨，至此中国成为美国 DDGS 的最主要出口国，占全部 DDGS 出口量的约30%。由于 DDGS 是重要的饲料原料，进口量激增对相关产业安全构成威胁，2010 年 12 月 28 日，我国商务部正式对外公告，决定对原产于美国的 DDGS 展开反倾销立案调查，一年后，商务部决定将调查期限延长6 个月。直到 2012 年 6 月 21 日，商务部才宣布撤销对原产于美国的干玉米酒糟的反倾销调查，并将其纳入进口报告管理范畴。从进口趋势来看，相对于其他蛋白质饲料，DDGS 价格低，质量高，性价比较高，而且暂时没有可替代产品，因此其在饲料中的使用将维持较高比例，而由于美国 DDGS 的比较优势比较强，美国作为主要进口国的事实短期不会改变。因此，一方面，如果美国 DDGS 出口量或出口价格发生波动，将会对饲料产业及其上下游产业链影响较大；另一方面，美国进口的DDGS 占我国消费的比例如果持续提高，美国跨国企业可能趁机大举控制饲料加工企业，这将对我国玉米产业安全造成不利影响。

（四）玉米产业国际竞争力安全度变化趋势分析

从玉米产业国际竞争力方面来看，如图 4-10 所示，2001～2009年，玉米产业国际竞争力评分呈现波动下降的趋势，说明该阶段玉米产业国际竞争力安全程度提高，玉米国际竞争力水平整体增强。2009～

2011 年，国际竞争力安全水平下降，2010 年评分接近 90 分，说明该阶段安全度水平为不安全或危机状态。此后，安全度水平有所改善，但始终在低位徘徊。

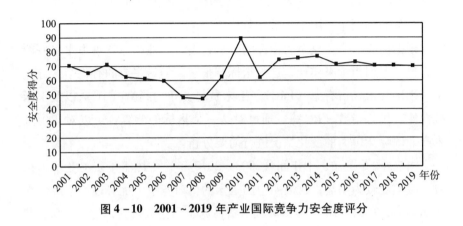

图 4 – 10　2001～2019 年产业国际竞争力安全度评分

进一步分析，从前文的指标设计可以看出农业资源是影响农产品国际竞争力的重要因素，主要包括耕地、劳动力以及资金投入等，耕地各种投入品的投入主要影响农产品的生产效率，劳动力资源的素质则主要影响劳动效率，而生产效率和劳动效率是构成农业比较优势的基础。因此，农村人均耕地面积、玉米生产成本及劳动力素质及数量是形成玉米国际竞争力的重要因素。

中国的国情就是人多地少，人均耕地面积与世界平均水平相比相差较大，根据《中国统计年鉴》，1970～2012 年世界农村人均耕地面积约为 0.38～0.56 公顷，中国农村耕地面积要远远低于世界平均水平，只有 0.13～0.17 公顷，仅为世界平均水平的 1/3。这说明中国种植玉米的自然禀赋条件并没有竞争优势，从产业竞争力的角度来说我国玉米的竞争基础并不好；从劳动力水平上看，1971～1981 年我国农村劳动力人口数量不断增加，占世界农村劳动力人口的比重逐渐增加，由 1971 年的 24.36%，增至 1981 年的 31.28%，该比重在达到高峰之后比重下降明显，截至 2012 年已降至约 20.32%。这说明中国农村劳动力比较优势以及农村人口红利在逐渐丧失，这进一步削弱了中国玉米的国际竞争力；与此同时玉米生产成本不断增加，2002 年中国玉米平均投入成本为 5273.4 元/公顷，此后呈增长态势，2012 年平均投入成本增至 11512.3 元/公顷，增加了约 1.32 倍，生产成本的增加使我国玉米价格上涨，从而削弱了我国玉米的竞争优势。

根据前文对产业竞争力指标的分析，衡量产业国际竞争力水平一般要通过一系列指标来实现，这些指标有很多，但最主要的有三个，分别是玉米国际市场占有率（IMC）、玉米贸易竞争力指数（TC）以及玉米显性比较优势指数（RCA），通过对这三个指标的测算，可以对我国玉米产业国际竞争力的变化情况进行简要分析。

由表 4 - 5 可知，十年间（2003 ~ 2012 年）中国玉米贸易竞争力指数下滑幅度较为明显，这表明中国玉米的出口竞争力优势逐渐下降。在此期间内，2003 ~ 2007 年中国玉米贸易竞争力指数较高，均位于 0.9 和 1 这个区间，说明在此时间段中国玉米国际竞争优势较强；在此之后逐渐下降，2009 年该指数降至 0.2296，表明在这个时期中国玉米的国际竞争优势逐渐丧失。2010 ~ 2012 年该指数处于 - 0.8 至 - 1 这个负值区间，这表明当前中国玉米国际竞争优势已不复存在，并且处于很明显的比较劣势状态。

表 4 - 5　　　　　　2003 ~ 2012 年中国玉米的 TC，IMS，RCA

年份	贸易竞争力指数（TC）	国际市场占有率（IMS）	显示性比较优势指数（RCA）
2003	0.9996	0.1586	0.4349
2004	0.9979	0.0277	- 0.4043
2005	0.9975	0.0979	0.0228
2006	0.9438	0.0311	- 0.3429
2007	0.9857	0.0421	- 0.3539
2008	0.6905	0.0027	- 0.9409
2009	0.2296	0.0016	- 0.9678
2010	- 0.8500	0.0015	- 0.9724

年份	贸易竞争力指数 （TC）	国际市场占有率 （IMS）	显示性比较优势指数 （RCA）
2011	- 0.9444	0.0014	- 0.9742
2012	- 0.9623	0.0012	- 0.9788

数据来源：《中国统计年鉴》、USDA、UN comtrade。

从中国玉米国际市场占有率看，2003～2012年，十年间中国玉米国际市场占有率同样呈下降趋势，这表明中国玉米出口贸易规模不断萎缩，中国玉米的比较优势在下降。2003年中国玉米出口额占世界玉米出口总额的比例约为15.98%，2004年该比例锐减至2.66%，2012年进一步缩减为0.13%。与此对应的是中国玉米出口量也同步萎缩，2003中国玉米的出口量为1639.95万吨，2004年出口量就下降607%，锐减为231.82万吨，从此一路下滑，2012中国玉米的出口量仅为约20吨，出口额也大幅度下降。上述趋势表明中国玉米的出口能力逐渐萎缩，玉米国际竞争力明显下滑。

（五）玉米产业国内供给环境安全度变化趋势分析

从产业国内供给环境安全度评分看，产业供给环境是指标体系5个组成部分中最稳定的，见图4-11，2001～2019年安全度得分始终在50～70分之间，大多数时期位于50～60分区间，证明从国内供给环境的角度，大多数时期，我国玉米产业处于安全或基本状态，国内供给环境基本稳定。但同时从图中也可以看出2005年之后，评分值有一个缓慢抬升之后波动的过程，这说明玉米产业供给出现了不稳定因素。

从近年玉米供给环境的现实情况分析，一方面，我国玉米产量整体保持增长状态，但增长的速度仍然低于需求增长的速度，玉米供求仍然处于紧平衡状态；另一方面，未来玉米产量增长的潜力受到一些负面因素的影响，玉米产量增长受制于两个因素，即耕地面积的扩充以及单产

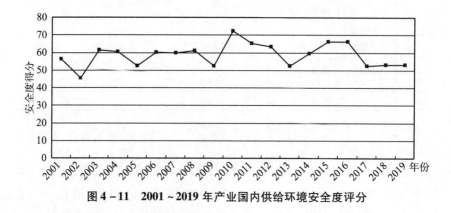

图 4-11　2001～2019 年产业国内供给环境安全度评分

的提高。从耕地面积看，未来基本不存在新增耕地，而且还有不断减少的趋势，如果玉米种植面积增加，势必减少其他作物的生产。目前的情况是，近年玉米种植面积已经严重积压了大豆的种植面积，由于我国大豆种植面积有限且不能完全被转用，而且玉米占用其他作物的可能性有限，为了平衡我国整体粮食作物的产量稳定，未来我国玉米种植面积扩张的可能性很小，而且我国玉米的播种面积将由于玉米价格等因素的影响还存在减少的趋势；从单产的角度看，虽然近年来我国已加强了对玉米育种以及种植等方面的科技投入，玉米单产有所增加，但与玉米科技发达国家的差距还很明显。而且玉米科技的研发到真正转化为生产力是一个长期的过程，因此，我国玉米单产增长的压力仍很大。

第五章

国际玉米市场波动对中国玉米产业
安全影响的模拟分析

近年来，国内外玉米市场波动加剧，仅以 2012 年为例，由于雨水频繁、虫灾肆虐以及台风的影响，东北玉米主产区出现减产。产量也由预计总产 3660 亿斤调整至 3650 亿斤。随着玉米增产预期的下降，价格也随之上涨。

此外，玉米主产国美国也遭遇极端性天气，导致美玉米良产率下降，从最初预期 163 蒲/英亩下调至 122.4 蒲/英亩。受美玉米减产预期影响，美国玉米价格指数持续上涨，涨幅同比超过 50%。有关专家表示，美国玉米产量变化、玉米价格指数波动会对国内玉米价格产生影响。多年来，我国玉米进口配额一直稳定在 720 吨左右，近年来玉米进口量增加较快。2012 年进口 170 万吨左右，创下历史最高位，但从长期看，我国玉米进口增长还存在较大空间，这是表明我国玉米供应相对不足。2012 年玉米价格上涨进一步压低了玉米生产加工企业的利润空间，因此大量玉米加工企业出现严重的亏损。

以上的描述性分析说明，当世界玉米发生减产时，会进一步加剧国内玉米价格的上升趋势，从而加重玉米加工产业的成本负担。为此，本章利用 CGE 模型，从产业链的视角出发，以玉米、相关作物、下游产业为主体，验证并量化国际玉米市场发生波动对我国玉米产业造成的影响，并总结其中的变化规律。

第一节　模拟方法简介以及研究方案的总体设计

第五章、第六章主要采用 GTAP 模型进行分析，现简要介绍一下 GTAP 模型以及研究方案设计的总体思路。

一、全球贸易分析模型（GTAP）介绍与模型处理

（一）全球贸易分析模型简介

1. 可计算一般均衡模型

可计算一般均衡模型是为解决宏观经济问题而设计的复杂均衡系统，又被称作基于应用的一般均衡模型，其理论基础为瓦尔拉斯一般均衡理论，在此基础上构造出一个描述一国、一个地区甚至世界宏观经济的综合性框架。消费者、生产者和市场是模型中三个重要组成部分，一般均衡模型正是在这三个基础部分之上形成完整的框架。CGE 模型依赖于一个基本前提，假设模型中的市场环境是完全竞争的，并且各行为主体严格按照经济人假设进行活动。CGE 模型在优化上述假设的基础上，强调价格因素及市场机制的重要性。另外，为了实现对现实经济系统尽量客观的模拟，模型添加了其他模块，如政府、贸易伙伴、进出口商等都是其中重要的组成部分。因此可计算的一般均衡模型就是用一系列复杂的方程组来描述完全竞争的市场环境下各市场主体的供需关系均衡状态的经济模型。

一般均衡模型对经济研究的贡献在于能够模拟计算出给定冲击后各要素恢复均衡状态下的数量和价格，由此可以模拟某种规定情景发生后对相关经济变量的冲击，为制定相关政策提供依据。由于 CGE 能弥补计量经济学在应用领域的局限性，该模型允许经济学者进一步开拓研究

领域，分析前沿难题，该模型始终处在不断完善之中，并在应用的领域和范围得到了推广。目前，可计算一般均衡模型已广泛应用于实施政策的效应研究等领域，成为公共管理、经济贸易等书范畴重要的分析工具。

像所有的经济分析方式一样，该模型也有一定的研究局限性。模拟的预测过程其实就是一次模拟未来的实验过程，在规定的情境下，改变某个或某些变量将会有什么影响。因此无论实验条件准备的如何充分，实验环境也无法与复杂多变的现实世界完全一致，因而实验结果只具有参考意义，有待现实的检验和不断修正。

2. 全球贸易分析模型

该模型从诞生至今，已经发展得非常成熟，一些大学或研究机构运用一般均衡原理研究出了一系列大型研究系统，其中 GTAP 是 CGE 应用于社会实践的成功典范。该模型是由美国普度大学教授汤姆斯·赫特（ThomasW. Hertel）带领学术团队开发，到目前为止已更新至第 7 个版本，本书使用最新版本 GTAP7 进行模拟，该版本数据库几乎包括世界上主要的经济体，分不同部门不同行业进行数据归集。GTAP 模型主要用于公共财政与贸易政策效应分析，已成为 CGE 模型应用的典范。

模型的基本结构与构建机制如图 5 - 1 所示，家庭、厂商以及政府是模型中三个行为主体；土地，资本、劳动力是该模型主要的三种生产要素。而市场主要包括要素市场和产品市场。为了保证研究的可行性，模型规定要素市场中的劳动力在国内是可以自由流动的，而土地在部门间是不能完全流动的，所以不同用途的土地价格可以不一致[113]。模型假设该经济系统属于完全竞争市场，并假设生产的规模报酬恒定，各行为主体追求行为最优化，即生产者追求利润最大化，消费者实现效用最大化，所有产品和投入要素全部出清。

由此可见，GTAP 模型是一种全面的模拟仿真系统，该系统是对世界经济系统的一种逼真的描述。在现实的经济系统中，生产、消费是整个社会经济的核心，而在 GTAP 系统中，两者同样是 GTAP 结构中的基石。以下将分别就生产以及消费的主体，即家庭单位、生产单位的组成结构进行简要阐述。

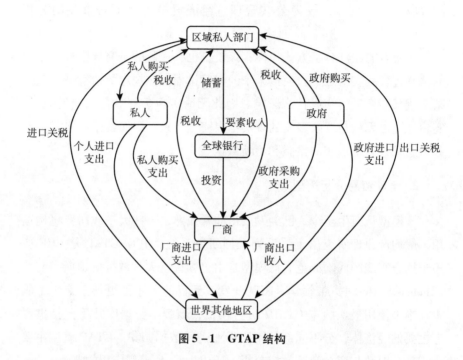

图 5-1　GTAP 结构

生产企业的收入包括两部分，首先是销售产品收入（包括内销以及出口产品），其次是转让企业资产所有权收入，比如有偿转让本企业固定资产、流动资产，有偿借出资金等。生产企业的支出主要包括在国内采购以及进口生产要素收入，还包括各项税费支出。在模型中每个生产企业保持收入等于支出。

个人家庭消费支出分为两部分，包括购买国产及进口两种来源消费品的支出，为了充分考虑人口增长以及私人家庭单位消费的非齐次性等因素，私人家庭消费支出采用固定替代弹性（CDE）效用函数来表示；在开放经济条件下，政府消费品来源同样包括国内、国外两个渠道，同样出于效用最大化的考虑，政府部门各种公共品支出及其在总支出中比重，还是通过构建柯布—道格拉斯效用函数反映，这使得政府各项支出相对稳定。

由于家庭和政府的需求既包括国产产品，同时也包括进口商品，根据阿明顿（Armington）假设，国产商品和来自不同地区的进口商品是不完全替代品，所以首先 GTAP 模型将国外商品按照原产地标准进行分类，其次，将一国所有进口商品通过常系数替代弹性方程（CES）复合为单一的进口产品，最后，在假设进口商品和国产商品的替代弹性是相同的前提下，将进口产品和国产产品通过常系数替代弹性方程（CES）组成一个商品集。

GTAP 模型中生产函数也同样采用树形结构。为了降低模型中参数估计的难度，厂商中初始投入要素以及中间投入要素都与总产出呈固定比例关系（Leontief 函数）。模型中假设厂商生产函数具有可分割性并假定该函数具有规模报酬不变的特性。在利润最大化的驱使下，以及假定不受中间投入要素价格变动的前提下，厂商决定原始投入要素的最优规划。由于生产函数具有可分性，本模型假定各项投入要素之间的替代弹性是相等的，这样也可以减少参数估计的难度。

为了模拟国际贸易因素对经济系统的影响，将各个国家的市场联系起来，GTAP 模型还设置了国际运输、国际银行等部门，国际银行各国储蓄进行归集，并根据资本报酬率决定资本流向；"国际运输部门"主要承担跨国运输业务，假定运输部门的生产函数是 Cobb Douglas（CD）生产函数。商品出口到岸价（CIF）与离岸价（FOB）之差，体现每一个国家的物流需求。世界贸易通过国际物流将世界联系在一起。

（二）全球贸易分析模型中添加模块的处理

本研究在应用全球贸易分析模型（GTAP）来模拟分析中国玉米进口准入政策变化对相关产业影响时，主要利用税配额政策变动作为冲击变量，由于在原版的 GTAP7 模型中，只含有普通关税方程，没有用于分析关税配额的模块。为了研究的需要，本书在 GTAP 标准版本中加入包含关税配额处理的特别模块。

1. 模型中添加关税配额（TRQ）模块的思路

关税配额政策是一种复合政策，其包含关税和配额两种制度安排，关税配额政策的核心原理是两阶段关税原理。即对进口数量及其对应的税率进行划分，进口商品数量小于或等于配额的部分征收较低的关税，当进口商品数量大于限额时，对超出配额的部分征收较高的关税。由前文在关税配额政策下，进口数量的多少对于宏观经济的影响也不尽相同。因此在 GTAP 模型中添加相应税配额政策分析时也应分别考虑，区分进口商品小于配额、等于配额以及大于配额三种情况分别进行分析。

由前文图 2 – 1（a）可知，进口商品数量<进口配额，此时的进口关税率为 T_{in}，国内价格为 $P_d = P_w(1 + T_{in})$。由于在这种情况下无配额租产生，因此进口配额政策对宏观经济不产生任何影响，关税配额只相当于普通关税所起的作用。因此，在 GTAP 模型中处理关税配额按普通关税制度处理。由于模型中含有普通关税处理模型，因此不需添加任何模型。

由前文图 2 – 1（b）、2 – 1（c）可知，两者分别表示进口≥配额的情况。由于此时将会产生配额租由此国内价格 P_d 会相应提高。当进口商品数量等于进口配额时，配额租为图中 g1 所示部分，由此国内价格提高至 P_d。当进口商品数量大于进口配额时，此时配额租为图 2 – 1（c）中 g2 所示部分，国内价格 P_d 等于配额外关税加国际市场商品价格，可表示为：$P_d = P_w(1 + T_{out})$。

2. 模型添加 TRQ 模块所需主要变量

由于原版 GTAP 模型不含关税进口配额、配额外税率以及配额内税率等相关变量，也没有编写相应的行为方程。为了能用 GTAP 模型分析关税配额政策，按照关税配额的原理，本书在原版 GTAP 模型的基础上添加相关变量，进而引入一些有关关税配额的行为方程。其中，主要的变量及公式如下：

①VIMSINQ_TRQ(i, r, s)：进口配额上限数量商品时，以配额内关税加国际价格计量的产品价格。即前文图2－1中的e＋f部分。

②VIWS_TRQ(i, r, s)：进口配额上限数量商品时，以国际价格计量的产品价格。即前文图2－1中f所对应的部分。

③ORSHARE_X(i, r, s)：表示配额租按照出口商出口额比例所分配的部分。

④TMSTRQOVQ(I, r, s)：配额内关税与配额外关税的比值。

由于GTAP数据中不包括以上四组变量，将单独对其进行计算。剩余的其他变量均能够有上述四组变量结合GTAP模型变化得到。

⑤QMS_TRQ(i, r, s)：代表进口配额的数量。

QMS_TRQ = VIWS_TRQ/PCIF，其中PCIF为进口商品的到岸价（CIF）价格，与原版GTAP模型保持一致。

⑥TMSTR(i, r, s)：商品实际进口税率与配额内进口税率的比值，公式如下：

TMSTRQ = TMS/TMSINQ。

⑦TMSINQ(i, r, s)：表示配额内关税率

TMSINQ = VIMSINQ_TRQ/VIWS_TRQ。

⑧TMSOVQ(i, r, s)：表示超配额关税率

TMSOVQ = TMSINQ ∗ TMSTRQOVQ。

⑨TTRF_REV(i, r, s)：表示政府关税收入。

⑩QXTRQ_RATIO(i, r, s)：代表实际商品进口总量与进口配额上限之比。

QXTRQ_RATIO = VIWS/VIWS_TRQ。其中，VIWS指以cif计价的进口价格，VIWS值由原版GTAP模型提供。

⑪QUOTA_RENT(i, r, s)：表示配额租金。

⑫OVTRFREV(i, r, s)：表示超配额进口商品的关税收入。

⑬INTRFREV(i, r, s)：表示进口配额内商品的关税收入。

二、模型数据库的重新分类与模拟方案的总体设计

（一）模型数据库的重新分类

本书分析利用最新版的 GTAP – 7，包含模型及其全球数据库，在区域上包括 113 个国家或地区，基本覆盖世界大部分区域，并且包含 57 种产品的相关数据。GTAP – 7 数据库主要主要来源于 2004 年各区域的投入产出平衡表（I – O）、联合国贸易数据库、世界银行数据库以及美国农业部数据库等。

在模型方案中，首先，为了研究更具有针对性，将 GTAP 模型数据库中全部国家重新分为 3 组：分别是：中国、美国、其他国家和地区（根据需要进行调整）。

其次，根据研究目标，对 GTAP 数据库中原有的 57 个部门重新划分为两类。

一类是玉米及其他相关作物，共 7 类，分别是其他谷物（主要是玉米）、大米、小麦、大豆、蔬菜、其他作物。这里需要说明的是，由于在 GTAP 模型数据库中没有玉米这个单独的部门，但是由于玉米在其他谷物中占有很大的比重，所以可以代表整个部门变化的方向和趋势。因此，本书用其他谷物这个部门代替玉米部门进行模拟。

另一类是与玉米有关的行业，共 6 个，包括家畜、畜产品、牛马羊类肉制品、其他肉制品、其他食品、植物油脂。其中前四个行业归类为畜牧业。家畜指的是活动物，畜产品指生肉及动物内脏等；牛马羊类肉制品是指工业加工制成的产品，如肉灌制品及肉干等；其他肉制品指除牛马羊之外的肉制品，这里主要是指猪肉制品，因此可以用这个行业相应指标的变化来分析，价格变动对猪肉制品行业的影响；其他食品包括玉米淀粉、氨基酸、柠檬酸等玉米工业加工食品；植物油脂包括玉米油。

为了分析关税配额的影响本书借鉴（王利荣，2012）的方法，在

标准 GTAP 模型中增加关税配额变量以利用原始数据计算配额变量用于模拟[115]。

（二）模拟方案的总体设计

本书主要模拟分析两个方面内容，近年来国际玉米市场波动越发频繁，由此首先模拟外部冲击的作用机理，分析国际玉米或美国玉米发生减产对我国玉米产业及宏观经济的影响；其次分析国内进口准入政策进一步放开的影响，即根据农业贸易自由化的精神，我国如果降低配额外关税或扩大玉米进口配额，这将对我国玉米产业安全带来哪些变化。

在对外部冲击的模拟方面，以 2014 年国际玉米出口量、美国玉米出口量，世界其他国家出口量为基期方案，分别模拟当美国玉米减产、出口减少，但世界玉米出口不变以及美国玉米减产、出口减少，世界玉米出口同步减少两种具体情境。

在内部政策变化的模拟方面，以当前的关税配额政策（配额内 1% 税率、配额外税率 65%）为基础方案，根据未来农产品贸易以及政策调整情况进行预测，并在此情境下，评估中国玉米市场逐渐开放对玉米产业的影响，以及为稳定玉米产业应增加多少补贴。

第二节　模拟方案设置及数据处理

一、方案设置

如表 5 - 1、表 5 - 2 所示，近年来美国玉米生产及出口的波动比较剧烈，其中 2012 年美国玉米减产幅度达到 12.98%，同时出口下降 52.48%。而世界玉米市场的波动就要缓和的多，主要包括两种情况，当美国玉米减产幅度较低时，由于世界其他国家有补全减产的可能性，因此实际玉米产量及出口可能不变或稍有增长，这就是 2011 年的情况；

但是如果美国玉米发生大规模减产、出口量同步锐减，由于美国玉米市场的重要地位，世界玉米产量及出口量也会减少，但幅度一般在5%以内，也就是说世界玉米市场的波动幅度要小一些。

表5-1　　　　　　　2010～2014年世界玉米产量变化　　　　单位：千吨，%

时间	中国		世界		美国		除美国外	
	产量	增长率	产量	增长率	产量	增长率	产量	增长率
2010	177245	8.09	834210	1.06	316165	4.93	518045	5.10
2011	192780	8.76	885987	6.21	313949	0.70	572038	10.42
2012	205614	6.66	869637	-1.85	273192	-12.98	596445	4.27
2013	218489	6.26	990379	1.39	351272	28.58	639107	7.15
2014	215646	-1.30	1014020	2.39	361091	2.80	652929	2.16

数据来源：《中国统计年鉴》（2011～2015），USDA 数据库。

表5-2　　　　　　　2010～2014年世界国家或地区出口量变化　　　　单位：千吨，%

时间	中国		世界		美国		除美国外	
	进口	增长率	进口	增长率	进口	增长率	进口	增长率
2010	979	24.46	91678	1.13	45135	9.18	46543	8.17
2011	5231	434.32	103760	13.18	38428	14.86	65332	40.37
2012	2702	48.35	100546	-3.10	18262	-52.48	82284	25.94
2013	3277	21.28	130430	29.72	50691	177.58	79739	-3.09
2014	5516	68.32	128026	-1.84	46831	-7.61	81195	1.83

数据来源：《中国统计年鉴》（2011～2015），USDA 数据库。

所以，根据近年来美国及世界玉米产量、进口量波动的实际情况，拟分析在这些情况发生对我国玉米产业的影响，制订以下模拟方案。

基期方案（S_{10}）：2014 年国际玉米出口量、美国玉米出口量，世界其他国家玉米出口量为基期方案。

模拟方案（S_{11}）：2015～2016 年美国玉米减产 10%、出口量减少 50%，世界玉米市场产量及出口量不变。

模拟方案（S_{12}）：2015～2016 年美国玉米出口量减少 10%、出口减少 50%，世界玉米产量及出口量减少 5%。

二、数据处理

利用最新版的 GTAP - 7，包含模型及全球数据库，在区域上包括 113 个国家或地区，基本覆盖世界大部分区域，并且包含 57 种产品的相关数据。GTAP - 7 主要以 2004 年的数据为基础，GTAP 模型数据库主要来源于各国的投入产出平衡表（I - O）、联合国贸易数据库、世界银行数据库以及美国农业部数据库等。采用 Walmsley 动态递推方法，将 GTAP 7 数据库升级至 2015 年。并假设美国的玉米补贴政策仍保持 2014 年的水平，中国玉米进口配额政策不变，即玉米配额数量为 720 万吨，配额内税率为 1%，配额外玉米进口税率 65%。

第三节　模拟结果分析

一、世界玉米市场波动对玉米及相关作物生产的影响

（一）对玉米及相关作物价格影响的模拟结果

如表 5 - 3 所示，在 S_{11} 情境下，美国玉米减产，但其他国家玉米增产弥补了玉米减产的数量，因而世界玉米产量以及出口量维持不变。在这种情况下，玉米价格的波动最为明显，与基期相比上升了 2.57%；其次影响比较显著的是大豆上涨了 1.24%。原因在于玉米和大豆某些功能互补，玉米价格上涨，可能会减少对玉米的使用，转移到大豆上。而我国大豆进口依赖程度较高，国际玉米价格的上涨又会进一步刺激大豆进口价格上升。两方面因素叠加使大豆价格上涨较为明显。

表 5 – 3　　　　　　世界玉米市场波动对玉米及相关作物价格

影响的一般均衡模拟结果　　　　　　单位：%

作物	S_{11}	S_{12}
玉米	2.566	10.227
大米	0.022	0.136
小麦	0.010	0.123
大豆	0.124	0.869
蔬菜	0.036	0.124
其他农作物	0.005	0.017

数据来源：GTAP 模拟结果。

而其他作物（如大米、小麦、蔬菜等），价格仅小幅增长（均在 1% 以下）；玉米价格上升的部分原因在于玉米价格的上涨抬高了土地价格，增加了种植成本。但更为重要的是，受国际粮价变动的输入性影响，丁守海利用配对 Johansen 检验方法，研究国际粮价输入的原因。他发现某些战略性粮食品（特别是小麦和大米）的价格输入，主要不是来自直接贸易因素，而是通过玉米和大豆等的间接贸易因素实现的[114]。因此，其他作物价格的上涨是由于国际玉米价格输入的影响。

从以上 S_{11} 模拟结果来看，如果仅美国减产且幅度不大，世界其他国家玉米增产能填平减产的数量，如果我国有其他备选进口渠道，将能从其他国家获得需要的进口玉米，因此对我国玉米产业安全、粮食安全冲击有限。

在 S_{12} 条件下，这种情景下美国玉米减产 10%，出口减少 50%。由于世界上其他国家玉米增产的数量未能完全弥补美国玉米减产的数量，因而世界玉米产量下降以及出口量同步减少，这种情况模拟较大外部冲击对我国作物价格的影响。模拟结果显示，与 S_{11} 对比，S_{12} 情境下所有作物价格均有大幅度上升。其中玉米价格比基期上涨 10.227%，而其他主要粮食作物及蔬菜价格上涨幅度均超过 1%。上涨幅度增大除输入变量增加外，还有心理预期及下游行业的供需变化引起的各种叠加效应，下文将对这些影响做具体介绍。

从 S_{12} 条件下的模拟结论看，玉米价格变动幅度过大，可能对下游产业玉米加工企业产生不利影响，使这些企业原料采购成本增加，而且由于玉米价格上涨预期的持续，玉米加工企业可能会囤积玉米原料。从而加剧玉米价格上涨，因而影响玉米的可获得性；而且玉米价格上涨对于其他粮食作物的价格也有一定程度的影响。

（二）对玉米及相关作物播种面积影响的模拟结果

农作物前一期或者当期的价格波动将对播种面积产生直接影响。由于国际玉米市场波动对我国玉米价格的影响，国内各主要粮食作物的价格均发生了不同程度的变动，这些变化将对农户在种植品种以及种植面积方面的决策产生影响（见表 5-4）。

表 5-4　　　　世界玉米市场波动对玉米及相关作物播种
面积影响的一般均衡模拟结果　　　　　　　单位：%

作物	S_{11}	S_{12}
玉米	1.397	4.117
大米	-0.022	-0.128
小麦	-0.007	-0.235
大豆	-0.052	-0.469
蔬菜	-0.004	-0.024
其他农作物	-0.096	-1.008

数据来源：GTAP 模拟结果。

在 S_{11} 情形下，美国玉米产量及出口量各减少 10% 以后，国内各作物价格会有不同程度的上升，玉米的播种面积因为价格的提高而增加 1.397%。其他作物种植面积均呈下降趋势，但幅度不同。大豆种植面积减少较多为 0.05%，除此之外，对其他作物种植面积的影响不大，其中，小麦、大米、蔬菜的播种面积有小幅的下降，仅为 0.02% 以下，对其他农作物的影响更是有限。

在 S_{12} 情形下，玉米的播种面积会增加 4.117%，小麦、大米、大豆、蔬菜的播种面积会分别下降 0.235%，0.128%，0.469%，0.024%。

从结果看，玉米的播种面积会随着国际玉米减产、价格上升等原因而有所增加，但增加的幅度明显低于国际玉米价格输入对各种农作物价格的影响。这是由于在应用模型进行模拟时，充分考虑到土地的有限性以及各种粮食作物相当程度上的不可替代性。从结论可以看出，玉米播种面积的提高，会在一定程度上对粮食作物的种植面积产生一定程度的替代效应，但一般十分有限，因此只能挤占其他作物的种植面积，这点可以从模拟结果清楚看出，受玉米播种面积增加的影响，面积减少最多的是其他农作物，在两种情境下，其他农作物的耕地面积将分别减少 0.096% 和 1.008%。这说明，随着玉米价格的提高，一方面，其他农作物的耕地被玉米置换，另一方面，大量的草地、林地以及其他形式的耕地有可能会退出原来用途转而生产玉米。

就主要粮食作物耕地的变动情况看，玉米播种面积的增加对大豆的种植面积影响最大，小麦、大米次之，影响最小的是蔬菜。这是因为玉米的用途以及播种条件与大豆、小麦最为接近，而且在我国玉米替代大豆的播种面积早已是不争的事实，对玉米这种粮食作物的自给程度的重视远高于大豆，所以在两种情况冲击下大豆受到的影响最大。而蔬菜的需求无法由玉米置换而且播种条件与玉米差别较大，所以其耕地被玉米替代的可能性较小。

从影响大小的方面，两种模拟情境下除对玉米产生的影响较大外，即使对小麦、大米等粮食作物的耕地替换幅度不大，即相对量不大，但由于粮食作物播种面积的基数很大，微小的相对变化，也会使绝对种植面积发生较大变化。

因此，总体上，两种冲击对其他作物耕地以及其他属性的土地的替代作用更为显著，对粮食作物的耕地替代作用有限，但绝对数量也不少；从主要粮食作物角度看，玉米种植面积增加对大豆的种植面积影响最大。总的来看，在两种模拟情境下玉米种植面积使其他粮食作物耕地减少有限，因此对粮食安全暂无显著影响，至于更加剧烈波动的影响，由于发生的概率有限，本书暂不做考察。另外，玉米种植面积增加对玉米产业安全的具体影响，还需结合其他方面进行综合分析。

（三）对玉米及相关作物产量影响的模拟结果

由于决定农作物产量的关键因素是播种面积，因此从两种情景下的模拟结果也可以看出，国际玉米市场波动对玉米及相关作物产量的影响基本上与其对播种面积的影响一致（见表 5 - 5）。

表 5 - 5　　　　世界玉米市场波动对玉米及相关作物播种
面积影响的一般均衡模拟结果　　　　单位：%

作物	S_{11}	S_{12}
玉米	2.289	6.328
大米	- 0.058	- 0.253
小麦	- 0.025	- 0.256
大豆	- 0.153	- 0.869
蔬菜	- 0.026	- 0.039
其他农作物	- 0.126	- 0.569

数据来源：GTAP 模拟结果。

在 S_{11} 情境下，即美国玉米减产 10%、出口量减少 50%，世界玉米市场产量及出口量不变，除玉米播种产量增加 2.289% 以外，大米、小麦、大豆、蔬菜的产量分别下降 0.058%，0.025%，0.153%，0.126%；在 S_{11} 情境下，美国玉米出口量减少 10%、出口减少 50%，世界玉米产量及出口量减少 5%，此时玉米的产量会上升 6.328%，其他主要农作物，包括大米、小麦、大豆的产量下降幅度均在 0.2% ~ 0.9%，蔬菜产量下降幅度最小，仅有 0.039%。从表 5 - 4 与表 5 - 5 的数据对比情况可以看出，两种冲击对玉米的产量的影响要大于对播种面积的影响，其主要原因是由于规模效应的存在，种植面积的改变，使得产量变动幅度更大。从产量上看，在两种模拟条件下，由于对产量以及对播种面积的影响有一致性，所以模拟结果以及趋势变化造成的结果也较为相似。

综上所述，当美国或国际市场减产并同时伴随出口量的减少时，国际玉米价格上涨同时会传导到我国，因此我国玉米市场价格也会上升，并带动大米、小麦、大豆等相关作物价格上涨。从播种面积和产量上看，由于玉米价格上涨幅度远远高于其他作物，农民会更倾向于种植玉米替代其他作物，因此玉米的种植面积和产量会上升，对应的是其他作物种植面积和产量的下降。

二、世界玉米市场波动对涉及玉米的各产业部门的影响

涉及玉米的产业部门主要包括食品加工、饲料加工、工业深加工以及其他消费四个方面。从比例上看，饲料加工业消费玉米最多约占60%，其次是工业加工约占30%，食物消费只占8%，其他（包括种子）占2%左右。因此玉米主要需求为饲料粮以及工业加工品。随着经济的增长，居民生活水平的提高，人们对肉类食品的需求量会逐渐增加，并且由于这部分新增需求的刚性特征，从而导致玉米需求数量的增长，再加上由于生物质能需求旺盛而新增的玉米需求，除非玉米育种、种植等方面的技术有革命性的进步，否则从长期看玉米供需矛盾将长期存在。在这种供需形势下，玉米价格有进一步被抬高的趋势，所以与玉米相关的畜牧业以及玉米产品加工业受此影响会较大。在这样的背景下，如果国际玉米市场波动加剧，国内玉米价格上升，这会对玉米产业链条上其他产业部门有何影响？以下将对此进行分析。

（一）对各产业部门产品价格的影响

如模拟结果（表 5-6）所示，在 S_{11} 情境下，玉米价格的上升已经对畜牧业产生了显著的影响。从价格上看，玉米价格上升使畜牧产品价格整体上升，家畜、畜产品、牛马羊肉制品以及其他肉制品分别上涨0.204、0.409、1.337、2.688；其他食品上涨 1.023。在 S_{12} 条件下家畜、畜产品、牛马羊肉制品以及其他肉制品价格分别上涨 0.897、2.098、6.987、11.334。经过对比可以发现很多数值已经大于对玉米作

物本身的影响。特别是在 S_{12} 条件下其他肉制品价格涨幅高达 11.334%，应引起高度重视。

表 5 - 6　　　世界玉米市场波动对涉及玉米的各产业部门的影响　　　单位：%

行业	S_{11}			S_{12}		
	需求	产出	价格	需求	产出	价格
家畜	− 0.157	− 0.089	0.204	− 0.437	− 0.604	0.897
畜产品	− 0.207	− 0.105	0.409	− 0.508	− 0.984	2.098
牛马羊类肉制品	− 0.337	− 0.208	1.307	− 1.086	− 1.563	6.987
其他肉制品	− 0.679	− 0.407	2.688	− 3.207	− 5.369	11.334
其他食品	− 0.773	− 0.228	1.023	− 4.059	− 3.966	8.034
植物油脂	− 0.023	− 0.011	0.056	− 0.089	0.067	0.788

数据来源：GTAP 模拟结果。

从肉制品内部看，其他肉制品价格的上涨幅度要大于牛马羊类肉制品，原因在于猪饲料从配方上玉米成分含量更高，因此受玉米价格波动的影响也更大。

从整个畜牧业看，模拟的结果显示初级产品价格波动的程度及幅度要小于工业制成品，原因是畜牧业是以一些动物初级产品为原料，由于玉米饲料成本在养殖业总成本当中的比例很高，玉米价格的上涨带动养殖业成本同步上升，从而给畜牧业带来负面影响。对于饲料行业，玉米具有不可替代性，而且主要成本就是原料成本，所以其成本不能像工业企业那样通过技术进步等手段显著降低。正是由于产业原料的单一性及不可替代性，一旦发生原料价格变化，就会有亏损的风险，更为严重的是会在整个行业之间造成恐慌，从而哄抢原料导致成本的再次上扬。

除畜牧业外，对玉米工业深加工业的影响也比较大，在两种情况下价格分别上涨 1.023、8.034。玉米加工业的原料同样具有不可替代性，但是其盈利空间要低于畜牧业。模拟结果显示在同等冲击下，其他食品的价格变化要小于同样是加工业的肉制品加工业，表明玉米工业制成品价格弹性要低于畜牧业，并没有肉类一样的涨价空间，因此，原料价格的变化会对玉米工业加工业影响更大，以下还会从其他方面进行分析。从影响程度上看玉米价格上涨的负面作用是可能造成公众对通货膨胀的预期增强，进而拉动整个食品价格的惯性上涨。尽管玉米已经不是餐桌上的主要食品，但是玉米加工产品广泛应用于食品添加剂与工业领域，玉米原料的上涨将带动这些下游产品的上涨，有可能会带动新一轮的食品涨价潮。

在两种情况下，对植物油脂价格的影响最弱，只有 0.056 以及 0.788，原因在于玉米在油料作物中的比重有限，玉米作为油料作物的可替代性比较强。占食用油比例仅为 4% 左右，远远落后于大豆油、棕榈油、菜籽油和花生油。

总体而言可以发现，S_{12} 下各指标的各行业产品价格涨幅较大，应关注玉米价格输入引起的价格波动。

（二）对玉米相关产品需求和产出的影响

上述分析表明，在美国玉米减产与世界玉米减产两种模拟情景下，由于两种冲击同时会引起国内玉米以及相关产品价格的上涨。因此，会使需求及产出发生变化。

从畜牧业四个行业来看，在 S_{11}、S_{12} 两种情景冲击下，无论是需求还是产出都有一定幅度的减少，在两种情况下家畜、畜产品、牛马羊肉制品以及其他肉制品需求分别减少 -0.157、-0.207、-0.337、-0.679 以及 -0.437、-0.508、-1.086、-3.207；产出分别减少 -0.089、-0.105、-0.208、-0.407 以及 -0.604、-0.984、-1.563、-5.369。

从整体来看，需求和产出依然呈现出初级产品的变化幅度小于制成品。从需求上看，初级产品的刚性需求更强，比如，在价格上涨时可以减少对价格更高的肉灌制品和肉干等肉制品的需求，保证价格更低的日常生鲜肉的需求。当然消费者也可以用鲜肉自己制作肉制品，也可以减少支出。这样，结果就是初级产品生鲜肉的需求减少幅度要小于肉类制成品。从供给上看，活动物有一定的生长周期，其产出无法根据价格变化立即作出调整，而肉类制品行业则可以根据实际需要合理安排生产，以更好应对原料价格的变动。

从两种冲击下需求和产出的关系看，在 S_{11} 情景下，需求下降的幅度大于产出下降的幅度，而在 S_{12} 情景下需求下降的幅度小于产出下降的幅度。

（三）对玉米及相关产品（部门）贸易的影响

从对作物贸易影响情况来看，玉米在两种情景下其净贸易流向出现了变化，见表 5－7，在 S_{11} 的情境下玉米净进口增加 0.523 百万美元，在 S_{12} 情景下其净出口增加 0.036 百万美元。证明在 S_{11} 到 S_{12} 过程中，我国玉米贸易进出口形势出现变化，由贸易逆差变为贸易顺差。主要原因是对于冲量 S_{11}，只是美国玉米减产 10%，而世界其他国家玉米增产 10%，理论上我国可以从其他国家进口玉米，而且我国玉米消费量总体呈上升趋势，加之国际玉米价格上涨，所以在 S_{11} 情景下我国玉米贸易净进口不降反升，以 2013 年为基准方案，玉米净进口约增长 2.5%。

表 5－7　　　世界玉米市场波动对涉及玉米的各产业部门贸易的影响

单位：百万美元

作物（部门）	S_{11}	S_{12}
玉米	－ 0.523	0.036
大米	0.069	0.123
小麦	0.023	0.086
大豆	－ 0.698	－ 0.908
玉米	－ 0.042	－ 0.059
蔬菜	0.024	0.089
其他作物	0.021	0.036
家畜	－ 0.669	0.123
畜产品	－ 1.236	0.236

续表

作物（部门）	S_{11}	S_{12}
牛马羊类肉制品	-0.289	0.369
其他肉制品	-0.736	0.869
其他食品	0.369	0.607
植物油脂	0.198	0.369

数据来源：GTAP 模拟结果。

如果冲击增大，也就是在 S_{12} 的情况下，不仅美国玉米减产而且世界玉米减产，则我国可供选择的玉米进口国就十分有限，而且进口的玉米价格也偏高。因此，在这种情况下，玉米进口减少，出口略有增加，出现微顺差。

在 S_{11}、S_{12} 情境下，大米、小麦净出口分别增加 0.069 百万美元、0.123 百万美元以及 0.023 百万美元、0.086 百万美元，这主要是因为这两种粮食作物价格上涨幅度低于玉米，亚洲和非洲某些国家会选择多进口大米和小麦来代替玉米。在这种进口需求带动下，我国出口这两种作物有所增加。

从涉及玉米相关产业的贸易情况看，在 S_{11} 情境下，家畜、畜产品、牛羊肉类肉制品、其他肉制品净进口分别增加 0.669 百万美元、1.236 百万美元、0.289 百万美元、0.736 百万美元。其他肉制品变化额度最大，原因是猪肉在此种情景下，四类产品价格都有所上涨，为何净进口还会增加？原因一是由于这些产品价格上涨幅度不大，能够被接受。再者，GTAP 模型会对国内消费量和进口量及价格进行比对分析，即使微幅涨价国内消费者仍能获得更多福利时，进口量还会放大，这点也符合福利经济学及理性预期的相关理论观点。另外有些产品尽管微幅涨价也要比国内对应产品便宜，所以有些厂商仍会在 S_{11} 条件下继续进口销路较好的进口产品；在 S_{12} 情景下，这四个行业的净进口增加都转变为净出口增加，原因是此时国外产品价格涨幅过大，不被消费者认可，另外此时出口有利可图。

对于其他食品和植物油脂两个行业，两种冲击状态下会使净出口有所增加。

综合以上分析，在 S_{11}、S_{12} 两种情境冲击下，对与玉米有关的产品和部门的进出口存在两种影响，即净出口的增加以及净进口的增加，在不同冲击下，不同作物（商品）的变动不尽相同。

（四）对涉及玉米各部门劳动力就业及收入的影响

在 S_{11} 情境下，我国玉米净进口增加，原则上可能会减少玉米产业的劳动力就业，但事实上由于我国玉米近年来玉米供需呈现紧平衡状态。而且，由于国际玉米价格带动国内玉米价格上涨，促进种植玉米农民收益的提高，玉米的播种面积因为价格的提高而增加。由于我国土地的租金全部由农民获得，所以在 S_{11} 下，国际玉米市场波动反而使种植玉米的农民收益进一步增加，土地租金以及农民收入的增长和玉米作物的产值也相应增加（见表 5−8）。同时，玉米播种面积的扩大，将直接增加从事玉米种植的劳动力约 7.88%。

在 S_{12} 情景下，玉米价格上涨幅度过大，更加有利于种植玉米农民收入的增长。相反，对涉及玉米的畜牧业和玉米产品加工业的劳动力收入和就业产生负面影响。由于玉米进口成本增加，国内玉米价格上涨导致了畜牧产业及玉米工业加工业的净产值减少，致使这些产业劳动力的工资收入下降，农业劳动力就业也有所下降（见表 5−8），其中，对其他肉制品行业影响较大，约减少 2.11%，其他产业影响有限。

表 5−8　　世界玉米市场波动对各产业劳动力就业及收入的影响　　单位：%

	S_{11}				S_{12}			
	产值	土地租金	就业	工资收入	产值	土地租金	就业	工资收入
玉米	1.692	2.369	0.239	4.689	3.036	4.697	0.698	8.698
大米	−0.089	−0.069	0.023	0.036	−0.268	−0.106	−0.369	−0.108
小麦	−0.056	−0.036	−0.059	−0.089	−0.125	−0.269	−0.698	−0.469
大豆	−0.102	−0.236	−0.554	−0.294	−1.098	−0.098	−0.698	−0.897
蔬菜	−0.022	−0.015	0.025	−0.036	−0.269	−0.189	−2.039	−1.069
其他作物	−0.023	−0.023	0.025	0.026	−0.498	−0.047	−0.369	−0.369

	S_{11}				S_{12}			
	产值	土地租金	就业	工资收入	产值	土地租金	就业	工资收入
家畜	-0.108	—	-0.051	-0.263	-0.289	—	0.126	0.369
畜产品	-0.269	—	-0.105	-0.223	-0.421	—	0.569	0.869
牛马羊类肉制品	-1.069	—	-2.036	-1.896	-5.697	—	-5.969	-4.694
其他肉制品	-2.369	—	-3.369	-4.369	-3.636	—	-6.369	-5.696
其他食品	-1.899	—	-2.369	-3.699	-2.369	—	-2.069	-0.369
植物油脂	-0.023	—	-0.036	-0.007	0.026	—	-1.005	-1.036

由此可见，当国际玉米减产、出口量减少情况下，可以大幅增加农民的收入和劳动力就业水平，与此同时也会减少畜牧业、肉制品加工业及玉米工业品加工业的收入和就业。由于种植玉米农民就业劳动力的基数较大，该领域增加的劳动力就业大于相关产业减少的劳动力，这使得整个玉米产业总体就业人数增加。由于玉米种植面积的增加，其他作物的种植面积相应减少，从事这些作物生产的农民的收入以及就业水平会有所下降。因此，在 S_{11}、S_{12} 情景下，国际玉米市场波动，可以大幅增加种植玉米农民的收入，促进玉米种植领域劳动力的就业，相反，对玉米加工业及玉米产业后端相关部门的劳动力及收入水平产生不利影响。由于玉米种植领域就业的劳动力的基数较大，该领域增加就业的劳动力大于其他产业减少的劳动力，总体上会促进整个玉米产业就业增加。

第六章

玉米进口准入政策进一步开放对中国玉米产业安全影响的模拟分析

第一节 中国玉米贸易市场准入政策及其调整过程

一、入世前的玉米市场准入政策

玉米作为我国三大粮食作物之一，在产量供不应求的历史条件下，为满足国内最基本的粮食需求，国家对玉米的产销实行高度垄断和控制，在新中国成立初期开始的相当长的历史时期，对玉米的进口完全实行指令性计划管理，由国有粮食进出口公司垄断经营，粮食进出口数量由国家统一调配并实施严格的计划控制。这种计划经济色彩浓厚的对外贸易政策是与当时特定历史阶段和国情相适应的，对于稳定国内供给、避免国际市场冲击起到了重要的作用。

1980年玉米开始实行进口许可证制度，由此形成国家计委掌握进出口配额、外经委部颁发进出口许可证的互相监督、制约机制。由于引入进口加工贸易方式，使进口玉米的利用方式多元化。另外，随着改革的深入，逐步放开了玉米的进出口经营权，允许部分私营企业在限额内进口玉米，具有玉米贸易权的公司数量由 1 家增加到了 5 家。在此阶段，我国的进口贸易主要通过进口许可证、配额等非关税手段实现，由中国粮食进出口总公司和外经贸部核准的公司负责进口。

综上所述，新中国成立初期的很长一段时间内，玉米进口贸易一直由国家实施完全的计划指令性管理，规定只有少数几家国有粮食企业可以从事粮食进出口贸易，进口数量以及何时进口等决策完全由国家实施指令性控制。从 20 世纪 80 年代开始，国家对粮食进出口的限制有所放松，有权经营粮食进出口贸易的企业有所增加，但仍然用"许可证"办法来实施计划管理。90 年代后，进一步放开，实施限量登记、配额管理办法，这种政策一直沿用至今。

二、过渡期及入世后准入政策的调整

按照我国加入世界贸易组织的承诺，以及 WTO《农业协议》规定，我国对玉米进口贸易采用的进口准入政策如下：

按照 WTO《农业协议》规定，我国农产品平均关税税率要达到 17% 以下的水平，而截至 2000 年我国农产品平均关税税率相对较高为 22.3%。入世前玉米虽然已实施进口配额管理，但平均税率较高，配额内关税税率分四档，分别是 0、1%、9% 和 35%，而配额外关税最高达到 180%。虽然玉米是我国最主要的粮食作物，对我国粮食安全意义重大，根据谈判结果玉米关税税率减让幅度可以稍低一些，但递减的趋势是不可逆的。另外，按照我国的承诺关税减让"达标"的时限为 2004 年。

具体来说，虽然玉米在我国粮食经济中占有重要地位，确属弱质产业，我国可以对玉米贸易继续实施进口配额管理，但配额的额度要增加，配额内以及配额外关税税率要进一步降低。按照我国加入世贸组织的承诺，从 2002 年开始，我国玉米进口配额首先增加至 400 万吨，配额内关税税率为 1%，且在对配置分配上，私营比例要达到总配额的 25% 及以上；到 2004 年我国玉米进口配额要完成对世贸组织的承诺，达到 720 万吨，配额内关税税率为 1%，且私营比例要进一步增加，应达到总配额的 40%。

除税率减让之外，还有玉米补贴方面的要求，按照 WTO《农业协议》的规定以及中美贸易谈判的结果，中美双方都承诺不再对农产品提供任何形势的出口补贴。对玉米来说，这无疑是非常重要的一项政策，它也为下一轮 WTO 多边谈判提供了坚实的基础。但与此同时，没有出口补贴后，中国玉米出口贸易也会面临一定的困境。

对入世后的玉米进口准入政策进行总结，在 2002 ~ 2004 年的过渡期内，玉米进口配额进一步增加，由 450 万吨的基础上再增加 270 万吨达到 720 万吨，配额内关税税率为 1%，配额外的关税由最高 180% 降至 65%。并承诺进一步提高对私营企业玉米进口配额的分配比例。自从 2004 年起，我国玉米进口政策就一直沿用上述政策，没有任何变化。

第二节　玉米进口准入政策对玉米产业的影响机理及经济影响分析

一、玉米进口准入政策对玉米产业影响的机理分析

虽然，根据中国的入世承诺，中国在 2002 ~ 2004 年的过渡期内，玉米进口关税配额由 450 万吨增加到 720 万吨，配额内关税为 1%，配额外的关税由 71% 下降到 65%。在当时，我国玉米产量远大于国内消费，这一配额政策可以在调剂余缺的同时保护国内玉米产业。但自从 2004 年以后玉米进口配额及配额内外税率从未调整过，与此同时，我国玉米供需形势已发生变化，玉米需求在个别年份已经超过自产玉米的产量。2012 年我国玉米进口量超过 520 万吨，已经逼近配额红线。而由于配额外的高关税，配额外的进口渠道基本关闭。基于这种形势很多学者认为应该适当调整玉米配额政策，所以本书根据目前形势对调整配额政策后的影响进行模拟。

根据关税配额政策的经济效应理论，如果我国扩大关税内配额降低和配额外关税税率，都可以减少玉米的进口成本，促进玉米进口数量的增加，进口玉米成本的下降，而且能够满足国内旺盛的玉米需求，增强玉米产业的国际竞争力，从而促进玉米饲料、加工品及畜牧产品出口以及企业利益的增加。但是，国内外玉米价格存在价差，如果大幅降低准入标准，大量低价进口玉米势必压低我国自产玉米价格，这将影响其种植玉米的积极性，使得玉米种植面积减少，而国外粮食可能在此时乘虚而入，我国玉米产业安全将受到冲击。

根据以上分析，降低配额外关税或扩大进口配额，虽然在一定条件下有利于国内玉米产业的发展，但也使中国玉米受到了一些负面影响。因此，政府一定要有应对措施，即在放宽市场准入的同时，加强对玉米产业的扶持力度，这将抵减进口玉米对国内玉米产业的冲击，稳定国内玉米产业的发展。

玉米进口准入政策的调整也会影响国家的财政收入。在国家放宽准入政策的条件下，玉米进口关税收势必会减少；但根据国内玉米需求的预期，在玉米进口准入政策放宽后，进口数量增加的可能性很大，在这种情况下国家玉米进口关税收入是增加还是减少，取决于具体玉米进口准入政策以及进口规模。从玉米加工企业的角度看，随着玉米进口成本的下降，利润将有所上浮，相应地会增加国家税收收入。

二、玉米进口准入政策调整的经济影响分析

由于我国入世后玉米进口关税减让幅度较大，从配额内关税看，玉米进口关税税率仅为1%，因此配额内玉米进口关税进一步减让的可能性不大，所以这部分将主要从关税配额政策的角度，分别分析降低玉米配额外关税税率以及扩大玉米进口配额规模对玉米产业以及宏观经济的影响。

（一）关税配额政策对玉米相关产业影响的效应分析

本书应用图示法，分析玉米实施及调整关税配额政策对玉米进口、

种植玉米农民，玉米消费者（主要指玉米加工企业）带来的影响。为了简化分析，本章未提及的影响因素将不做考虑。

为了研究方便，假设自产与进口玉米具有可替代性，在用途上就有同质性，因此进口玉米价格变化波动将会对国内市场产生影响。因此本书综合考虑了国内、国外两个市场的玉米供给情况，用以综合分析我国玉米进口准入政策的调整对玉米产业以及国民经济的影响。

如图6-1所示，横轴代表国内以及进口的玉米数量，纵轴表示不同供需均衡数量下的玉米价格。D_1代表玉米进口<配额数量、D_2代表玉米进口=配额数量、D_3代表代表玉米进口>配额数量三种不同情况下的玉米需求曲线。与此对应，S代表玉米总供给（包括国内供给SD以及进口M）两部分，S代表玉米的总供给量。AZK、$ABC_1E_1F_1$分别代表我国玉米进口完全开放以及进口配额政策下玉米的总供给曲线。因此按照配额与进口数量关系的不同，本书分三种情况分析玉米进口对国内玉米市场的影响。

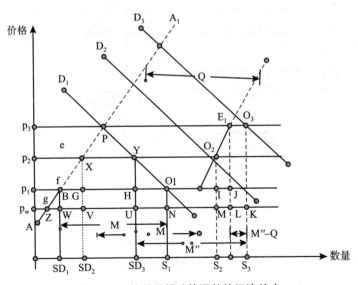

图6-1 关税配额政策调整的经济效应

（1）玉米进口配额>玉米进口数量。如图6-2所示，在D_1需求水平下，玉米进口配额＞玉米进口数量，由于玉米进口配额能够满足进口的需求，此时玉米市场供需均衡。其中，玉米总供给量 S_1 = SD（国内供给）+ M（进口），Y 由于玉米进口量小于进口配额，此时的配额政策对玉米产业并无影响，配额外关税也仅仅相当于普通关税，无配额租产生。税后玉米价格（P_1）= 国际玉米价格（Pn）+ 普通关税（Tn）。因此，同自由贸易市场条件下，此时政府依靠该政策增加了 $BWNO_1$ 表示的关税收入。在这种条件下，产量以及生产者福利分别增加了 ZW 以及 g。但是以上两者福利增长伴随着玉米消费者福利减少，因此并非总福利的增加，只是不同群体之间福利的此消彼长，总福利维持不变。

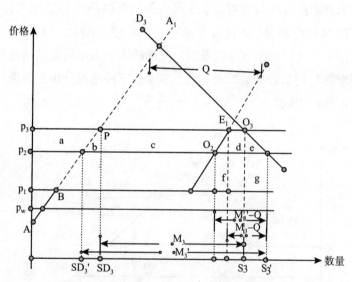

图 6 - 2　降低配额外关税准入政策的经济效应

（2）进口配额 = 进口数量。此时均衡状态下的玉米需求和供给分别为 D_2 和 S_2。由于配额外关税远高于普通关税，将产生 $XGIO_2$ 部分的配额租，因此玉米进口成本上升，进口价格上涨，政府税收收入增加，配额租的归属取决于政府的财政分配方案。由于配额租导致玉米进口成本的上升，对应的玉米价格上涨至 P_2。在这种情况下，配额政策效应开始显现，由于玉米需求与价格双双上升，这将刺激国内农民增加玉米生产，增长部分 BG，并对应地产生生产者剩余。

（3）进口配额 < 进口量。此时，玉米市场在需求与供给方面分别为 D_3、S_3 下处于均衡状态。由于玉米进口量超出了配额上限（$M'' - Q$ 部分）。由于超限额进口的产生，关税将由两部分组成，配额内外关税税率分别为 T_w（产生关税 HULT）以及 T_o（产生关税 E_1KO_3），总关税为两部分之和。此时，生产者剩余进一步增加，但与此同时消费者损失的福利将进一步增加。

我国加入 WTO 后对玉米进口准入采取了关税配额政策，由于配额外关税水平较高，每年玉米进口数量均小于入配额，2002～2008 年我国玉米进口小于配额，玉米进口需求长期在低位徘徊，此时的玉米需求处于图 6 - 2 中 D_1 的水平，因此，虽然对玉米进口采取关税配额政策，但由于需求所限，此时的玉米进口关税仅相当于普通关税。2009 年开始由于国内需求旺盛，随着玉米进口量逐渐增加，其数量逐渐逼近配额上限，此时玉米需求处于图 6 - 2 中 D_2 需求曲线的水平。由于配额外玉米关税税率最低也要 65%，这一高税率基本使限额外进口玉米成为不可能。

因此，随着进口需求的增长，配额政策对玉米进口的效应将逐步显现。在政策的驱使下，进玉米口商将会为了获得配额收益而寻租，从而进一步拉升了玉米进口成本。从保护农民利益的角度看，抑制玉米进口，有利于平抑国内玉米市场价格波动，增加农民收入。但是，由于进口玉米成本的增加，将会加重企业的负担，不利于玉米加工业的发展。

（二）降低配额外关税对玉米产业的影响分析

由前文分析可知，降低配额外关税对玉米产业产生的具体影响取决于进口配额与进口间的区别，如图 6 - 2 所示，当进口配额 > 进口数量时，由于配额政策与玉米市场的均衡条件无关。因此，对玉米产业消费者以及政府税收并无显著影响。我国在入世后初期（2002～2008 年），正是处于这种状态，因此，这个阶段即使降低配额外关税，对玉米产业也不会产生任何影响。

自 2009 年以来，随着我国玉米加工业的蓬勃发展以及人民对肉类食品消费的增加，由于玉米需求的增长，其数量逐渐逼近配额上限。由于玉米是初级农产品，按照 WTO 对农产品保护的相关规定，我国可以设定玉米进口限额，并对超限额部分征收 65% 的关税，如此高的税率对配额外玉米的进口形成很强的约束，实际上已经将配额外玉米进口的大门关死。由于实际的进口需求很可能大于配额，因此，在这种情况下，将配额外关税降低到任何小于 T_0 的水平都会对玉米进口产生影响，并进一步影响我国玉米价格。假设，在国内面临的玉米供给曲线则为 $ABC_1E_2F_2$ 的前提下，将配额外关税下降到 E_2 点。此种情况下，玉米进口增加 $M3' - M3$，我国玉米均衡价格下降至 P2′，这将影响农民种粮的积极性，我国玉米产量减少；玉米生产者福利减少的同时，进口配额外关税降低使得将玉米作为原料的企业的生产成本减少而获利，从而福利增加。

（三）扩大玉米进口配额对玉米产业的影响分析

由于玉米进口数量与进口配额的关系不同，扩大玉米进口配额对国内玉米生产和玉米加工业的影响也不相同。当进口配额大于玉米的进口需求时，此时处于图 6-1 中 D_1 需求水平下，即进口需求 < 进口配额，此时增加配额对玉米市场要素将不会产生影响。当对玉米进口数量 ≥ 进口配额时，进一步增加玉米进口配额将会对玉米产业、农民福利以及政府税收产生一定的影响。

由于玉米的特殊地位，自从入世以来虽然准入政策严格按照入世承诺进行调整，配额自 2002 年起已调至 720 万吨。但是这一进口配额已经十多年未曾变过，有学者多次指出配额数量应进行适时调整。另一方面，未来降低农产品市场准入门槛，逐步实现农产品贸易自由化将是大势所趋，那么，如果扩大玉米关税配额数量会对我国玉米产业以及宏观经济有何影响呢？

由之前的分析所知，我国自 2009 年以来对玉米的需求基本处于图 6-3 中 D_2 水平，在这种情况下，配额外关税对玉米进口影响很大。假如进一步增加玉米配额数量，增加至图6－3中E1和Q_2中的任一点，则由于D_2曲线下的进口需求仍大于扩大后的配额，此时扩大配额对进口玉米价格、玉米进口量以及生产者福利这几个指标都不会发生大的变化，但是随着配额租的增加税收收入会减少。如果将关税内配额数量继续增加，此时，由于配额限制对玉米进口的刚性约束有所降低，玉米产业原材料供给成本减少，玉米加工企业福利会有所增加。此时，图6－3中KH'WO部分为配额租，d＋e－f面积为政府关税收入变化的数量。假设玉米配额数量继续增加，至图3－4中V点右任一点，由于配额数量增加后大于进口数量Q'，此时，玉米配额数量继续增加对玉米市场将不再具有任何约束力，关税配额只相当于普通关税，类似于在D_1需求水平下的情况。此时配额租就此消失，国内玉米均衡价格降低至P_1。相应的国内玉米产量减少，玉米消费者福利增加，但玉米生产者福利受损。

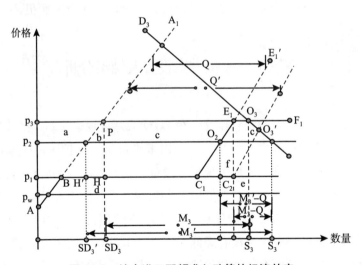

图6－3　扩大进口配额准入政策的经济效应

经以上分析可见，当玉米进口数量大于进口配额时，扩大配额到一定程度将增加玉米加工企业及消费者福利，同时会减少国内玉米产量和玉米生产者剩余。而政府税收是增加还是减少取决于配额外进口的数量以及配额内、外关税水平。从以上分析可知，在我国目前玉米进口同关税配额差不多的情况下，如果适当增加配额扩大后进口量仍大于配额，玉米进口配额的增加并不会对国内玉米均衡价格产生很大影响。但当玉米配额数量超过一定的阈值，才会因为低价玉米的大量涌入，而压低国内玉米价格，使种植玉米农民利益受损，从而影响国内玉米的种植面积和产量。如此相对应的是，由于玉米原料成本的下降，加工出口企业将由此受益。

通过以上分析可知，玉米准入政策调整的经济效应，取决于国内玉米市场供需形势和玉米准入政策。在 2008 年以前，我国的玉米进口十分有限，除个别有波动的年份外，进口量远远低于配额数量，这一阶段的关税配额没有起到相应的政策效应。但 2008 年以后，对玉米的进口需求激增，我国的玉米进口逐渐逼近于玉米配额数量上限，由此开始玉米进口配额对玉米进口行为的约束力逐渐增强，由于进口商之间为了争夺稀缺的玉米配额会展开一系列寻租行为，因此会产生配额租。

第三节　模拟方案设置及结果分析

玉米是我国重要的粮食作物，在 WTO 谈判过程中受到了格外重视。我国在入世谈判过程中，为了稳定国内玉米价格，保护国内玉米产业，确定了对玉米进口准入采取关税配额政策。在当时以及此后相当长的时期内，该政策对保证玉米产业健康发展起到了重要作用。但随着时代的发展，该政策的弊端也逐步显现，由于进口配额自入市调整后再无增加，较高的配额外税率也没有降低，进口需求没有得到完全的满足，同时，由于进口配额的有限性和稀缺性，使进口配额的发放以及后续管理上存在比较大的寻租空间，这增加了玉米企业的成本，所以一些玉米加工企业及学者要求放宽关税准入。按照农业自由化的趋势以及美国等进一步要求取消粮食进口配额管理的要求，未来中国继续维持粮食进口低配额的余地也很小。所以，进一步开放玉米市场、实行单一、透明的关税体制，既是 WTO 农业谈判最终的目标，也是我国应对未来潮流的必然选择。

为了在逐渐开放粮食市场的背景下保护玉米产业，我国入世时争取到了"黄箱"补贴政策，根据要求，补贴应不超过相关作物总产值的 8.5%。我国对玉米的补贴始于 2004 年，后于 2009 年进行调整，现在标准为每亩 10 元。同时，我国还通过其他补贴稳定国内玉米市场，如果我国放宽玉米进口的关税准入，将会增加多少补贴用以弥补市场开放带来的损失？下文将针对以上问题设置以下模拟方案。

一、模拟方案设置

（一）数据处理

本节以 GTAP 数据库为基础，根据我国 2004～2014 年的耕地、农业人口以及 GDP 增长的历史数据，借鉴 fao 等国际组织对各项核心指标 2015～2019 年的预测，利用沃姆斯利动态递推法将模型数据库中的 GDP 等数据递推预测到 2018 年。假设预测期（2015～2019 年）各国政府玉米补贴标准不变，仍保持 2014 年的水平。中国沿用目前的玉米进口准入政策，即玉米进口配额保持在 720 万吨，配额内玉米进口关税税率为 1%，配额外关税税率 65%（见表 6 - 1）。

表 6 - 1　　　　　　　　中国 2010～2014 年玉米相关数据

年份	种植面积（千公顷）	产量（万吨）	进口（万吨）
2010	32500	17725	157
2011	33542	19278	175
2012	35030	20561	270
2013	35100	21849	328
2014	37123	21565	552
平均	34659	20196	296

数据来源：《中国统计年鉴》（2011～2015）。

（二）方案设置

根据前文对模拟方案设计思路的分析，为了全面评估我国玉米市场进一步开放对玉米产业的深层影响，设计以下两个模拟方案：

方案一：在 2015～2019 这 5 年内，假设美国继续保持 2014 年标准的玉米补贴不变，模拟分析中国降低配额外关税税率的政策影响。

由于美国在国际玉米市场的重要地位，我国制定玉米对外贸易政策之前就要充分考虑到美国玉米产业政策的影响。美国玉米之所以在国际市场上具有垄断性的优势，最主要的原因在于美国对种植玉米的农民给予种类繁多且金额巨大的农业补贴。这种财政补贴实际上对农民起到了转移支付的作用。根据美国农业部 USDA 的相关统计数据显示，1995～2009 年这 15 年中，每年对玉米的补贴额度均在 25 亿美元以上，其中有 5 年补贴额度超过 100 亿美元。在补贴的总金额方面，玉米的补贴金额排在所有农产品的第一位，15 年间仅玉米生产领域就得到将近 750 亿美元的政府补贴。正是由于玉米补贴，降低了我国玉米的生产成本，增强了国际竞争优势，而且通过国际玉米贸易控制世界玉米价格。

近几年中国玉米加工产业迅速崛起，中国玉米消费逐年增加，进口量也有所增长。由于目前中国主要的进口玉米来源于美国，而美国一贯对玉米实施高补贴政策，因此美国进口玉米的价格比较低，这可以降低玉米原料成本，提高玉米加工企业的出口竞争力；但另一方面，也有一定的负面影响，如果大量低价玉米涌入中国，势必会造成国内玉米市场的混乱，这样就会降低农民种植玉米的积极性，影响农民收入以及我国玉米产业的发展。而且，从长远来看，如果我国大量依赖进口玉米，特别是过度依赖美国的进口玉米，一旦国际玉米市场被操控，中国的玉米产业安全也将面临威胁。为此，本方案主要模拟如下：

基期方案 S_{20}：假定 2015～2019 年，美国维持玉米生产补贴政策，中国玉米补贴维持平每亩 10 元的补贴水平，中国玉米进口政策仍沿用原进口配额政策不变，即配额数量为 720 万吨，配额内税率 1%，配额外税率为 65%。

模拟方案 S_{21}：假定 2015～2019 年，美国维持玉米生产补贴政策，中国在保持原玉米生产补贴的前提下，采取关税减让措施，即对超过配额的部分减征 35% 的关税，由 65% 减至 30%。本方模拟方案设计的主要意图是，分析美国在维持原国内支持政策的前提下，中国实施关税减让措施对中国玉米产业产生的影响。

模拟方案 S_{22}：假定 2015～2019 年，中国和美国完全取消对玉米的国内支持，并且中国实施方案 S21 所述关税减让政策，即对超配额进口的玉米只征收 30% 的关税。本方案的目的是评估在美国完全取消玉米补贴的情况下，能否弥补中国实施关税减让政策带来的损失。

模拟方案 S_{23}：假定 2015～2019 年，假设美国继续保持 2014 年标准的玉米补贴不变，中国当年玉米产值的 8.5%（WTO 规定的补贴上限）对玉米进行补贴。本方案的目的是评估在美国维持对玉米补贴的情况下，中国实施关税减让的同时增加对玉米的补贴，这种情景下会对玉米产业带来怎样的影响。

模拟方案 S_{24}：假定 2015～2019 年，美国对玉米仍保持 2014 年的支持水平，中国实施关税减让政策，即对超配额进口的玉米只征收 30% 的关税，中国应对玉米增加多少补贴才能完全抵消玉米市场进一步开放对中国玉米产业带来的负面影响。

方案二：模拟分析 2015～2019 这 5 年内，美国补贴政策不变，中国扩大玉米进口配额的政策影响。

进口配额的增加，同样也是放宽进口准入的一种方式，根据前述的分析可知，当进口配额增加至某一区间，如上文图 6－3 中所示，E_1 与 O_3 之间（包括 O_3 点）这一区间时，尽管配额增加也不会产生任何政策影响；但当配额增加后的数量累加至 O_3 点右侧时，配额增加对玉米产业的影响将会显现。当配额增量累加至 V 点右边时（包括 V 点），由于配额大于所需进口的玉米量，此时的关税配额政策仅相当于普通关税政策，配额增长的政策效应将消失。本书通过反复测试发现，当配额扩大后仍然小于 900 万吨（当前配额的 1.25 倍）时，由于此时玉米进口配额仍然小于玉米进口需求数量，配额租金率没有显著变化，仍然等于配额外进口关税税率。根据以上的思路可知，本书通过选取 O_3 与 V 两个临界点，利用两个临界值，分析玉米进口配额扩大后数量在 O_3 与 V 之间，大于或等于 V 点数量三种情况进行具体分析。

二、降低玉米进口配额外关税对玉米产业各部门的影响

（一）对玉米产业各部门生产的影响

如果中国放宽玉米进口准入，比如降低配额外税率至 30% 关税，该政策将意味着玉米进口成本显著降低，由于国内外玉米存在显著的价格差，这将对玉米种植产生一定影响。

如表 6-2 所示，在方案 S_{21} 的条件下，中国对进口玉米降低关税准入，而美国继续实施玉米高补贴政策，由于限额外进口玉米税率的降低，使美国玉米进入我国的成本降低，比较优势增加，玉米加工企业将增加玉米的进口。

表 6-2   降低玉米进口配额外关税对相关产业生产的影响   单位：%

作物（产业）	方案 S_{21}			方案 S_{22}		
	产出	价格	面积	产出	价格	面积
玉米	-4.247	-5.247	-3.664	-0.962	0.227	-1.304
大米	0.081	-0.025	0.022	0.012	-0.021	0.126
小麦	0.108	0.129	0.569	0.125	-0.125	0.213
大豆	0.207	0.102	0.328	-0.015	0.189	0.026
蔬菜	0.068	-0.201	0.339	0.012	0.123	-0.013
其他作物	0.125	-0.103	0.336	-0.025	0.203	0.059
家畜	0.367	-0.107	—	0.156	-0.047	—
畜产品	0.418	-0.189	—	0.206	-0.046	—
牛马羊类肉制品	0.428	-0.325	—	0.198	-0.100	—
其他肉制品	0.977	-0.499	—	0.442	0.028	—
其他食品	0.533	-0.615	—	0.126	0.158	—
植物油脂	0.108	-0.102	—	-0.015	-0.058	—

续表

作物 （产业）	方案 S_{21}			方案 S_{22}		
	产出	价格	面积	产出	价格	面积
玉米	1.334	−5.367	1.225	0.023	−0.008	0.001
大米	0.026	0.112	−0.126	−0.012	−0.001	−0.056
小麦	0.014	0.025	−0.236	0.018	0	0.001
大豆	0.021	0.039	−0.364	0.022	0.009	−0.013
蔬菜	−0.011	0.12	−0.089	−0.011	0.006	0.008
其他作物	0.025	0.012	−0.369	0.002	0.008	0.006
家畜	0.458	0.138	—	0.569	−0.236	—
畜产品	0.726	−0.346	—	0.408	−0.108	—
牛马羊类肉制品	0.526	−0.369	—	0.256	−0.089	—
其他肉制品	1.932	1.112	—	0.608	−0.711	—
其他食品	1.028	0.899	—	0.589	−0.364	—
植物油脂	0.569	0.236	—	0.115	0.126	—

数据来源：GTAP 模拟结果。

由于美国玉米进口玉米价格上具有优势，低价玉米进入我国后使玉米价格降低约 5.247%。由于价格下降使农民种植玉米的积极性下降，所以玉米种植面积减少 3.664%，产出最终减少 4.247%。一方面，尽管近年来，我国玉米产量逐年增加，但是玉米增产速度低于玉米消费增长幅度，如果产量由于上述原因而减产，将进一步威胁玉米产业安全。所以如果近期放开玉米进口准入，会挫伤农民种粮的积极性，不利于玉米产业安全；另一方面，中国降低配额外关税却有利于涉及玉米的相关产业的发展。由于进口玉米成本降低，畜牧业、肉制品加工业等行业由于生产成本降低，利润增加因而产出大幅增加。其中，对其他肉制品的产出影响较大。

方案 S_{22} 的模拟分析结果显示，中美双方同时放开玉米市场，即中国降低配额外玉米进口税率，两国同时取消对玉米的补贴，这种积极影响将抵减由于我国玉米配额外税率降低对我国玉米产业造成的负面影响。从模拟数据中也可以看出，此时中国玉米价格上涨 0.227%。但由于美国玉米生产成本的绝对优势，即使美国取消玉米补贴，中国玉米仍处于比较弱势，因此玉米播种面积以及产出仍会有小幅下降，分别减少 1.304% 以及 0.962% 。但从与方案 S21 的数据对比看，在美国取消玉米补贴后，中国玉米市场开放后对玉米产业的消极影响将大大降低。

比较 S_{21} 和 S_{22} 两方案可以看出，在中国玉米配额外关税税率降低情景下，相比 S_{21} 模拟方案 S_{22} 对中国玉米产业造成的损失要小得多，且涉及玉米的各部门的产出仍会增加，由于此时美国玉米仍具有成本、质量优势，这将继续刺激我国玉米品种改良及种植技术发展，更符合中国玉米产业协调发展的要求。而且，2011 年美国已经取消对玉米乙醇的补贴，由于财政赤字压力增加，释放出美国可能进一步取消其他补贴的可能性。但由于玉米在美国农业中的重要地位，近期完全取消玉米补贴的可能性不大。为此，中国在实施玉米关税减让措施时，为了抵减外国低价玉米的冲击，应充分利用 WTO 规则，增加对于玉米的有效补贴，增强其抵御国际玉米市场冲击、增强竞争力。

方案 S_{23}、S_{24} 模拟了美国不削减玉米补贴的情况下，我国实施关税减让的政策效应。在此情境下我国必须增加补贴以维护玉米产业稳定。S_{23} 方案显示，当国内玉米补贴总额达到补贴上限，即当年玉米产值 8.5% 时，玉米产业各部门将都能获利。与基期相比，产出也会增加，其中其他肉制品和畜产品分别增加 1.932% 和 0.726% 。由此可见，我国在进一步放开玉米市场时，如果能增加对玉米的补贴，就可以提高玉米产业的竞争力，减少由于市场开放所带来的负面影响，对玉米产业是有利的。

在方案 S_{24} 中通过反复模拟分析得出，在我国实施关税减让的同时，如果进一步增加玉米补贴额至每亩 60 元，即补贴额达到基期的 6 倍时，可基本抵减中国玉米进一步开放所造成的负面影响。从表 7 - 2 中可以看出，玉米的产出、面积等指标基本不受影响。但也应注意到，对玉米过度补贴对其他作物将产生影响，当玉米补贴为当年产值的 8.5% 时，作为主要粮食的水稻和小麦的种植面积共减少约 200 万亩，这对我国粮食安全将产生不利的影响。

由此可见，如果我国近期降低玉米进口配额外关税，玉米种植会遭受较大的冲击，对玉米生产进行补贴是必要的措施，但是如果只依靠补贴来抵减过度开放的冲击，每年将支付高额的补贴，实施高补贴政策还会影响其他粮食作物生产对其他产业也有损害，如果对其也进行补贴数额会更高。这不仅对我国的财政支出有一定压力，更重要的是会造成粮食产量的不稳定，威胁粮食安全。因此，根据模拟结果分析，我国还不适合走对玉米生产的高补贴之路。

（二）对玉米产业各部门贸易的影响

如表 6-3 所示，当中国玉米配额外进口税负降低时（S_{21} 方案），进口玉米成本将大幅降低，比较优势更明显，这将会进一步刺激玉米进口。尽管我国玉米年产量现已超过 2 亿吨，即使进口量增加到 763 万吨，也没有超过 5%，但这已经释放出一个信号，就是如果玉米需求量激增的情况下，进口量还会增加。这无疑会危及国内粮食安全。但对于玉米加工业会因此获益，由于其使用低价的进口玉米，降低了生产成本，因此会增强竞争优势，如其他肉制品、其他食品出口分别增加 8.91% 和 10.53%；同样可以看出，取消配额的同时，增加补贴能够有效缓解该开放情境下对玉米产业造成的负面影响（见图 6-3），此处不再赘述。

表 6-3　　　　降低玉米进口配额外关税对相关产业贸易的影响　　　　单位：%

产业	方案 S_{21}		方案 S_{22}		方案 S_{23}		方案 S_{24}	
	进口	出口	进口	出口	进口	出口	进口	出口
玉米	50.265	-10.134	7.016	-1.089	3.369	3.142	5.033	15.267
大米	0.105	-0.123	0.586	0.233	0.985	-0.322	1.023	-0.456
小麦	0.085	0.012	0.369	0.338	0.677	-0.469	0.986	-0.122
大豆	-7.955	5.699	0.456	0.266	1.233	-0.109	2.322	-0.268
蔬菜	0.012	0.056	0.034	-0.112	0.159	0.269	0.268	-0.174
其他作物	-0.329	-0.089	0.028	0.039	1.023	-0.078	1.098	0.026
家畜	-7.699	4.698	-3.299	1.089	0.085	6.398	1.036	2.233
畜产品	-6.023	3.325	-1.089	0.436	0.123	2.369	0.632	1.023
牛马羊类肉制品	-5.269	3.785	-2.289	0.731	0.325	3.124	0.732	0.789

产业	方案 S_{21}		方案 S_{22}		方案 S_{23}		方案 S_{24}	
	进口	出口	进口	出口	进口	出口	进口	出口
其他肉制品	-6.622	8.912	-2.023	2.089	-1.968	1.968	0.036	3.369
其他食品	-8.012	10.593	-1.966	1.896	0.632	3.098	0.069	2.236
植物油脂	-2.203	3.695	-0.898	1.032	0.369	0.897	0.126	1.367

数据来源：GTAP模拟结果。

如果在中美双方均同时取消玉米支持政策的前提下（S_{22}），中国实施玉米进口关税减让政策，此时中国玉米进口量的增长幅度大大小于S_{21}时，而中国玉米加工业各部门的出口额整体上会有小幅增加。可见，S_{22}方案是实施配额外税率减让的模拟情景下，政府补偿性支出较低，且对玉米产业安全负面影响较小的方案。但是，如果美国继续实施玉米高补贴政策，中国只有增强对玉米产业的补贴支持力度，才能保证在关税减让的同时，维护玉米产业安全。

根据上文的分析可知，中国如果要削减配额外关税税率，玉米进口的大幅增加将不利于对玉米种植的稳定，对玉米产业安全构成威胁。因此，一方面我国政府要认真研究WTO农业框架，在规则允许的范围内加大对国内玉米产业的扶持力度，以避免国际玉米市场的冲击；另一方面，中国要认真思考，如何在未来的农产品贸易谈判中据理力争，中国玉米市场可以有序开放，但要以美国玉米补贴削减为前提，这样可以缓解市场开放所带来的负面影响[115]。

（三）对玉米产业各部门劳动力就业及收入的影响

如果中国玉米市场进一步开放，这也会对相关产业的就业结构及劳动力收入产生影响。从表6-4可以看出，如果中国实施进口关税减让政策的情况下，由于玉米加工业受到的冲击较小，玉米加工业劳动力工资水平会有所增加。与玉米加工业不同的是，对玉米种植业的就业将产生一定的负面影响。在中美双方对玉米补贴标准不变的背景下，中国单方减少玉米进口配额外税率（S_{21}），由于低价玉米的涌入，这打压了种粮农民的积极性，玉米播种面积的减少，种植玉米的劳动力数量及其收入水平会大幅下降。其中，种植玉米农民的就业人数与工资收入将分别减少7.87%以及15亿美元；而玉米相关产业的就业人数和劳动力的工资收入将会随着这些行业产出的增加而增加。其中，其他肉制品加工业增加的就业人数较多，比基期增加1.67%，其他食品增加2.34%；但是，如果在我国放宽玉米进口准入门槛的同时，美国取消巨额国内玉米补贴（S_{22}），对种植玉米农民的就业与收入的消极影响会明显小于S_{21}。

表6－4　　　　　　　　降低玉米进口配额外关税对各部门

劳动力就业及收入的影响　　　　　　　单位：%

产业	方案 S_{21}			方案 S_{22}		
	土地租金（百万美元）	工资收入（百万美元）	就业（%）	土地租金（百万美元）	工资收入（百万美元）	就业（%）
玉米	－400.247	－1100.609	－7.873	－110.022	－340.156	－3.023
大米	16.417	9.697	0.207	8.323	3.312	0.089
小麦	9.987	4.369	0.169	3.398	1.139	0.037
大豆	53.698	31.697	0.586	15.697	8.698	0.239
蔬菜	4.489	2.113	0.105	－0.360	－3.234	－0.226
其他作物	78.989	40.698	0.189	－31.025	16.698	0.059
家畜	—	98.987	0.369	—	23.367	0.089
畜产品	—	203.987	0.414	—	33.697	0.136
牛马羊类肉制品	—	69.987	0.227	—	36.697	0.077
其他肉制品	—	611.234	0.876	—	103.26	0.239
其他食品	—	249.167	1.67	—	58.36	0.637
植物油脂	—	96.967	2.34	—	23.089	0.567
产业	方案 S_{23}			方案 S_{24}		
	土地租金（百万美元）	工资收入（百万美元）	就业（%）	土地租金（百万美元）	工资收入（百万美元）	就业（%）
玉米	90.269	60.127	1.415	－0.013	0.019	0.001
大米	－5.697	－2.238	－0.087	0.012	0.236	0.056
小麦	－8.231	－3.698	－0.072	－2.236	－1.036	－0.089
大豆	－19.301	－8.736	－0.364	－1.022	20.69	－0.023
蔬菜	－4.369	－1.967	－0.027	0.089	0.006	0.008

产业	方案 S_{23}			方案 S_{24}		
	土地租金（百万美元）	工资收入（百万美元）	就业（%）	土地租金（百万美元）	工资收入（百万美元）	就业（%）
其他作物	−21.069	−6.978	−0.227	0.023	−0.041	−0.016
家畜	—	−5.162	−0.098	—	2.369	−0.036
畜产品	—	−8.897	−0.108	—	−10.36	−1.032
牛马羊类肉制品	—	−6.637	−0.097	—	−1.036	−0.033
其他肉制品	—	−65.36	−2.702	—	−6.987	−0.069
其他食品	—	−9.987	−0.697	—	−2.369	−0.012
植物油脂	—	−6.987	0.097	—	−1.036	−0.006

数据来源：GTAP 模拟结果。

如果在美国保持国内玉米补贴不变的情况下，我国在实施关税减让时，当玉米补贴增加到基期的 6 倍水平时（S_{24}），将完全抵消对就业方面的负面影响，且畜牧业、肉制品加工业、玉米工业加工业就业水平和劳动力收入明显提高。其中，其他肉制品加工业以及畜牧业就业以及劳动力收入增长最为显著。当补贴达到玉米产值的 8.5% 左右时（S_{23}），农民的就业和收入都会大幅增加，其中土地租金及工资收入合计增加约 1.5 亿美元，劳动力就业增加 1.43%；玉米相关产业劳动力与就业将受到一定负面影响，如其他肉制品加工业就业减少 0.702%，收入减少 0.65 亿元。可见，采取上限补贴政策时，玉米种植农民的就业及收入水平的提高是以牺牲其他产业的就业和劳动力收入为代价的。

综上所述，虽然美国近期财政预算趋紧，已经取消了玉米产品比如玉米乙醇的补贴，但是由于玉米在美国农业中的重要地位，短期不会放弃玉米国内支持，而且最近几年还有不断扩大的倾向，在这种形势下，如果中国要实施配额外关税减让政策，则必须相应地增加玉米补贴，否则农民利益将受损，玉米产业安全也将受到威胁。从模拟结果中也可以看出，中国增加玉米补贴，能够抵减中国实施配额外关税减让政策后对玉米产业造成的负面影响。但是，补贴的增加会给我国带来比较大的财政支出压力。

三、扩大配额对玉米产业各部门的影响

通过反复测试发现，当配额扩大后仍然小于900万吨（当前配额的1.25倍）时，由于此时玉米进口配额仍然小于玉米进口需求数量，配额租金率没有显著变化，仍然等于配额外进口关税税率。根据以上的思路可知，通过选取O_3与V两个临界点，利用两个临界值，分析玉米进口配额扩大后数量在O_3于V之间，大于或等于V点数量三种情况进行具体分析。根据以上的结论分别选择进口配额在原来720万吨基础上增加100万吨（共820万吨）、500万吨（共1220万吨）以1200万吨（共1920万吨）作为临界值。具体方案如下：

基期方案S_{30}：与模拟S_{20}相同。

模拟方案S_{31}：维持现行中国玉米补贴政策的基础上，增加玉米配额数量，从现配额数量720万吨增至820万吨，配额增加100万吨。配额内外玉米进口关税税率不变，分别为1%、65%。

模拟方案S_{32}：维持现行中国玉米补贴政策的基础上，增加玉米配额数量，从现配额数量720万吨增至1220万吨，配额增加500万吨。配额内外玉米进口关税税率不变，分别为1%、65%。

模拟方案S_{33}：维持现行中国玉米补贴政策的基础上，增加玉米配额数量，从现配额数量720万吨增至1920万吨，配额增加1200万吨。配额内外玉米进口关税税率不变，分别为1%、65%。

将模拟方案的S_{31}、S_{32}、S_{33}的模拟分析结果与基期方案S_{30}进行对比，分析扩大配额对玉米产业的影响。

（一）对玉米产业各部门生产的影响

如表6-5所示，在S_{31}的模拟情景下，由于扩大后的配额仍≤900万吨，因此即使配额增加也对中国玉米产业没有影响。但随着配额的进一步扩大（S_{32}），配额扩大到1220万吨，由于配额>900万吨，此情景

下配额租金率下降导致进口玉米成本降低，在进口玉米的冲击使中国国内玉米开始向下波动，与模拟基期相比，S_{32} 情境下玉米价格下跌约 0.58%，价格下降的连锁反应是玉米种植面积与产出分别减少约 1.14% 以及 1.46%。但是，由于玉米价格下降，玉米加工企业成本下降，玉米加工企业因此而受益。从表 6-5 可以看出，畜牧业、肉制品加工业是受益较多的两个行业，产出分别增加约 0.41% 以及 0.36%。随着配额的增加，玉米加工业的收益将增加，但这种受益是以牺牲玉米种植为代价的。而由于玉米种植比较受益的下降，农民会改种其他农作物，所以小麦、稻等农作物的种植面积有所增加。

表 6-5　　　　扩大玉米进口配额对中国各产业生产及价格影响　　　单位：%

	S_{31}			S_{32}			S_{33}		
	产出	价格	面积	产出	价格	面积	产出	价格	面积
玉米	0.001	0.002	0.002	-1.123	-0.698	-1.14	3.132	-3.738	-3.248
大米	0.000	0.000	0.000	0.012	0.001	0.032	0.023	0.032	0.036
小麦	0.000	0.000	0.000	0.001	0.002	0.014	0.102	0.036	0.042
大豆	0.000	0.000	0.000	0.011	0.023	0.026	0.203	0.027	0.069
蔬菜	0.000	0.000	0.000	0.008	0.036	0.011	0.086	0.072	-0.036
其他作物	0.000	0.000	0.000	0.102	0.009	0.036	0.020	0.033	-0.005
家畜	0.000	0.000	0.000	0.123	-0.023	—	1.887	0.548	—
畜产品	0.000	0.000	0.000	0.169	-0.089	—	0.123	-0.009	—
牛马羊类肉制品	0.000	0.000	0.000	0.172	-0.123	—	0.432	-0.106	—
其他肉制品	0.000	0.000	0.000	0.364	-0.172	—	0.824	0.361	—
其他食品	0.000	0.000	0.000				0.669	-0.333	—
植物油脂	0.000	0.000	0.000				0.203	-0.107	—

数据来源：GTAP 模拟结果。

当配额玉米进口配额继续增加至 1920 万吨时（S_{33} 方案），中国国内玉米价格下降幅度扩大至 3.74%，玉米种植面积以及产出也下降很多，相关产品的价格会有所降低，如畜牧业、其他肉制品加工业产品的价格与基期相比分别下调 0.55% 和 0.36%，而产出则分别增加 1.89% 和 0.82%。

（二）对玉米相关产业贸易的影响

如表 6-6 所示，由于在 S_{31} 方案所示的情况下，当中国玉米进口配额扩大 100 万吨时，升至 820 万吨，由于此时玉米进口需求量仍大于配额数量，由于玉米加工企业得到玉米增发配额需要付出的成本等价于进口玉米所支付的配额外关税，因此，玉米加工企业的成本将稳定不变，从而对玉米进口量、玉米加工企业的成本将不会受到影响。

表 6-6　　　　　　扩大配额对主要相关产业贸易的影响　　　　　单位：%

产业	方案 S_{31}		方案 S_{32}		方案 S_{33}	
	进口	出口	进口	出口	进口	出口
玉米	0.000	0.000	4.369	2.698	13.69	6.63
其他肉制品	0.000	0.000	-0.036	0.833	-0.107	1.813
其他食品	0.000	0.000	-0.036	0.629	-0.223	0.731
植物油脂	0.000	0.000	-0.047	0.431	-0.189	0.567

数据来源：GTAP 模拟结果。

在 S_{32} 方案情景下，即配额扩大 500 万吨时，由于配额租金将会下降，配额的扩大使得玉米加工企业取得配额更加容易，玉米进口成本降低，由此玉米加工企业倾向于对成本低廉的进口玉米的使用，玉米进口量也会随之增加。进口玉米的增加将降低了玉米相关企业的生产成本，从而促进其出口的增加，其他肉制品、其他食品及植物油脂分别增加 0.83%、0.63% 和 0.46%。

在 S_{33} 方案情境下，即玉米进口配额扩大 1200 万吨时，玉米进口配额总量为 1920 万吨，玉米进口不再受配额政策效应的约束，玉米进口增加后会小于扩大后的进口配额，其他肉制品、其他食品及植物油脂出口增加 1.81%、0.731% 以及 0.567%。由于在此情境下对所有进口玉米征收的税负相当于普通关税，这和完全放弃玉米进口关税配额政策所带来的影响大致相同。

（三）对玉米产业各部门劳动力就业及收入的影响

由以上分析可知，在 S_{31} 情境下，即玉米进口配额扩大 100 万吨时，并不会对中国的玉米种植以及相关产业的生产和贸易产生影响。如果配额继续扩大到两个临界点时，配额扩大政策就会这些产业的就业以及劳动收入就会产生影响。在 S_{32} 情境下，国内玉米种植面积，种植玉米农民的就业与收入都有所减少；相反，由于生产成本的降低，相关产业的就业及工人工资会有所增加，其他肉制品、其他食品及植物油脂就业分别增加了 0.41%、0.32% 和 0.18%。三个行业工人工资收入也均有所增加（见表 6 - 7）。在 S_{32} 情境下，中国玉米市场，此时玉米种植受进口的冲击很大，就业以及农民收入都有所减少。

表 6 - 7　　　　扩大配额对各产业劳动力就业及收入的影响

产业	方案 S_{32}			方案 S_{33}		
	土地租金（百万美元）	工资收入（百万美元）	就业（%）	土地租金（百万美元）	工资收入（百万美元）	就业（%）
玉米	- 200.312	- 100.036	- 1.894	- 532.036	- 331.013	- 6.674
大米	8.369	2.36	0.013	18.326	5.366	0.023
小麦	6.982	1.982	0.012	12.366	3.695	0.018
大豆	9.366	2.326	0.022	16.692	4.369	0.045
蔬菜	5.393	0.968	0.008	13.398	2.265	0.021
其他作物	12.369	2.369	0.023	21.325	8.369	0.167
家畜	—	36.369	0.105	—	58.636	0.436
畜产品	—	51.366	0.289	—	96.362	0.369
牛马羊类肉制品	—	89.369	0.311	—	132.326	0.569
其他肉制品	—	120.693	0.413	—	220.384	0.894
其他食品	—	76.623	0.318	—	132.678	0.423
植物油脂	—	52.344	0.182	—	66.889	0.332

数据来源：GTAP 模拟结果。

综上所述，当配额在原有基础上少量增加，比如增加 100 万吨时，对玉米产业的影响有限。但当增发的配额大于 500 万吨时，增加的配额越多对种植玉米农民收入的消极影响将会越来越大，相反对玉米加工业等相关行业工人的收入和就业的增加越有利。当增发的配额大于 1200 万吨时，影响达到最大值，相当于玉米进口完全放开。

第七章

保障中国玉米产业安全的对策建议

一、建立玉米产业系统安全预警体系

由前文对玉米产业系统安全度的估算结果可知，近几年我国玉米供需形势发生变化，玉米供大于求的形势逐渐被打破，玉米市场呈现紧平衡状态。此时玉米及其副产品进口量大幅增加，进口依赖性增强，国际资本对我国玉米产业股权控制加强。在国内玉米产量增速低于消费增速的情况下，国际玉米市场的波动及资本控制对我国玉米产业安全产生不利影响，对玉米产业安全造成威胁的因素越来越多，因此应加强对玉米产业系统安全的监测。

首先，应逐步建立玉米产业安全预警体系，实现玉米产业安全监控机制的有机整合以及协同提升，在建模后，还要建立数据处理系统化，以实现数据处理快捷。为了保证对玉米产业系统安全状况的分析误差降至最低，应确保数据尽量准确、权威，为此应积极与统计部门加强合作；其次，完善玉米产业系统安全预警平台的建设。应成立一个具有国家视角、能统筹兼顾的最高决策机构，只有这样才能打破不同行业机构间的壁垒，整合资源、迅速应对，提高决策效率。对玉米产业系统安全进行分析时，需要建立一个架构明晰的预警上报平台；再次，构建科学的信息处理系统。玉米安全预警信息处理机制主要包括：为支持预警模型所必需的数据处理平台；对产业面临的风险进行评估、预测的专家体

系；对评估模型进行监测、分析的技术队伍及对人工监测、分析结果进行最后加工和论证的决策体系以及危机应对管理部门等。

二、加强对玉米产业发展失调的政策调控

对近期玉米供需状况增长趋势的分析及模拟结果表明，当前我国玉米供需非常紧张，处于紧平衡状态，供需不平衡是玉米产业演化发展不协调的具体体现。玉米产业供需失衡会带来一系列负面影响，首先导致玉米市场的混乱，玉米价格的波动加剧，使得玉米市场投机性空间增强；其次会限制玉米产业发展，而且价格的不稳定会影响农民收入以及玉米产量的稳定。

政府应该对玉米产业发展的失衡状况进行调控。其基本政策导向为：严格控制玉米深加工产业非理性的盲目过快发展，加强对加工玉米量的速度以及规模的调控，优先保证饲料加工业对玉米的需求，适度控制其他行业的玉米需求。基于这一思想，对玉米产业发展的调控应坚持以下原则：一是控制规模，协调发展。玉米深加工行业发展应与玉米产量相协调，坚决遏制玉米加工业过快发展的势头，控制玉米深加工产业盲目扩张以及低水平重复建设。二是饲料优先，统筹兼顾。在充分保证确保饲用、食用和生产用种玉米供应安全的基础上，根据剩余可用玉米数量适度发展玉米深加工业。

三、积极应对玉米产业外资进入

玉米作为我国最重要的农作物之一，在保证粮食安全方面起着举足轻重的作用。虽然外资短期内对我国玉米产业格局产生的影响有限，但根据前文的分析，玉米产业外资产业控制逐渐加强，并呈现出新的特点，国际粮食企业加紧在我国渗透的步伐，四大国际粮商，加紧在玉米产业链分布。我国粮食企业相比跨国粮商，实力弱小，力量对比悬殊，如果不时刻警惕潜在的威胁，如果跨国资本对粮食产业的控制进一步加

强，一旦获得我国粮食市场的话语权，我国保障粮食安全将会变得更加困难。为此，应采取以下措施积极应对。

首先，严格规范外资准入。科学制定与完善外资进入粮食加工领域的相关准入政策，并依据玉米产业风险预警状况及时对进入的规模进行合理限制，避免系统性风险的发生。其次，也应主动学习外资粮企的先进技术以及管理经验，提高我国粮食产业的国际竞争力。破除影响粮食产业良性竞争的体制机制障碍，形成竞争有序、良性互动的粮食产业生态圈。与此同时要跟踪关注国际粮食市场的波动，积极避免对玉米产业的负面影响。最后，加快立法进程，争取早日出台《粮食法》，依法打击国际资本对玉米种业及加工产业的投机，保障玉米产业安全。

四、分散玉米进口风险

从玉米产业安全评价体系中可以看出，从 2010 年起我国玉米进口依赖性逐渐提升，安全度也从安全转变为不安全。跨国粮商善于利用进出口贸易来控制市场价格，由此操纵外国粮食市场，国内玉米产业需要对此保持高度重视。特别需要关注的是，2010 年之后我国主要从美国进口玉米，2010～2012 年，我国对美国玉米进口的依赖性高达 99%，如果美国玉米市场发生波动，则会影响我国玉米进口需求，进而对玉米产业产生影响，过高的国别依存度面临国际市场单一需求的问题，容易受到其他国家市场的影响和控制。因此，在进口方面需要拓展其他玉米进口来源国，拓宽玉米进口市场，实现对进口的风险分散。同时引导我国国内南北粮食市场的进一步对接，尽可能的在内部多消化产出。进一步削弱由于国外玉米市场波动对国内市场的冲击。

五、适度开放玉米市场

适量开放进口玉米，对满足国内市场需求、稳定玉米价格、保障粮食市场平衡有着明显作用，根据前文模拟可知可通过扩大玉米进口配额适度开放玉米进口。

由前文模拟可见，在中美现有的玉米补贴政策下，中国不可能完全放开玉米进口准入，尽可能适度增加玉米配额。所以，短期内我国还应继续实施玉米关税配额政策，我国可以适度扩充配额，一方面满足国内市场需要，另一方面顺应国际趋势，逐步开放玉米市场。

由于我国的玉米和其他玉米强国相比，竞争力较低，因此要以提高玉米的国际市场竞争力为主要落脚点，转变玉米产业补贴方式。因此，一方面我国政府要认真研究 WTO 农业框架，在规则允许的范围内加大对国内玉米产业的扶持力度，以避免国际玉米市场的冲击；另一方面，中国要认真思考，如何在未来的农产品贸易谈判中据理力争，中国玉米市场可以有序开放，但要以美国玉米补贴削减为前提，这样可以缓解市场开放所带来的负面影响。

六、加强海外玉米生产基地建设

我国如何有效地利用国际粮食市场稳定国内粮食供给的波动，是构建开放型粮食稳定机制的关键。本书通过研究表明，当前，国际玉米市场的可依赖程度十分有限，我国利用国际粮食市场通常不具有主动性。而实现国际玉米市场有效供给的方式应依靠农业经营国际资本一体化战略，所以应从国际视角出发，牢牢抓住粮食国际产业链，实施跨国资本输出战略，投资兴建稳固的海外粮食生产基地，同跨国粮商争夺海外粮食供应链的控制权。

这样布局可以有效增强我国粮食贸易的主动权，稳定海外粮食供给，使我国更有效地利用国际粮食市场。当然，这种依赖途径既值得借鉴、又值得警惕，在我国合理利用国际粮食市场的同时，要提防国内粮食市场被发达国家所控制。

七、争取与主要玉米生产国建立多边贸易机制

根据前文模拟结论显示，国际玉米市场波动对我国玉米市场价格影

响较大，因此如果提高我国玉米进口贸易的定价权，对维护玉米产业安全具有重要意义。

首先，要加强主要玉米进口国的谈判力度。要充分运用 WTO 规则，解决玉米贸易争端。充分利用中国作为发展中国家的身份，制定相关贸易措施保护中国玉米产业，科学合理地应对技术壁垒。争取同世界主要玉米生产国建立多边贸易机制，增强中国玉米国际定价权，避免对美国玉米的过度依赖。其次，为了增强中国玉米产业的国际竞争力，必须发展现代农业，提高玉米种子良种率，降低玉米种植成本。

八、提高技术引进与自主研发力度

根据前文的分析，从近年玉米供给环境的现实情况分析，一方面，虽然我国玉米产量整体保持增长状态，但增长的速度仍然低于需求增长的速度，玉米供求仍然处于紧平衡状态；另一方面，未来玉米产量增长的潜力受到一些负面因素的影响，玉米产量增长受制于两个因素，即耕地面积的扩充以及单产的提高。从耕地面积看，未来基本不存在新增耕地，而且还有不断减少的趋势，如果玉米种植面积增加，势必减少其他作物的生产。目前的情况是，近年玉米种植面积已经严重挤压了大豆的种植面积，由于我国大豆种植面积有限且不能完全被转用，而且玉米占用其他作物种植面积的可能性有限，为了平衡我国整体粮食作物的产量稳定，未来我国玉米种植面积扩张的可能性很小，而且我国玉米的播种面积将由于玉米价格等因素的影响还存在减少的趋势。而且从模拟结果来看，如果我国玉米增产的步伐赶不上玉米新增消费，那么国际玉米市场波动的冲击将对我国玉米产业系统安全造成的影响更大，我国市场进一步放开的脚步也会放慢。因此，依靠科技进步，提高玉米单产成为玉米增产的最主要策略，首先应引进先进技术，提高玉米生产效率；其次应大力发展基础设施建设，改善玉米生产条件，增强对自然灾害的抵御能力。

第八章

结　论

　　本书首先在对产业安全及产业系统安全的概念及特征等基本研究范畴准确界定的基础上，以产业控制理论、产业保护理论、产业损害理论以及产业国际竞争力理论等相关理论为基本框架，构建了科学、全面、可量化的开放条件下我国玉米产业系统安全综合评价指标体系。其次，运用时间序列分析法，对各指标的变化趋势及规律进行分析，并对未来数据进行预测延展。然后，运用层次分析及模糊评价法得出中国玉米产业安全度估算结果并对我国玉米产业系统安全进行综合评价与趋势分析。再次，运用一般均衡模型，分析两种情境下，对我国玉米产业造成的冲击。最后提出了维护我国玉米产业安全的对策建议。

　　本书的主要结论有：

　　（1）通过对指标的时间序列分析得出的主要结论如下：

　　第一，我国玉米的进口依赖性在提高。我国目前过于依赖从美国进口玉米，一旦我国与美国发生玉米贸易争端，或者美国玉米市场波动，我国短期很难找到有一定规模的稳定进口来源国。这将影响我国玉米产业安全。

　　第二，我国玉米的国际竞争力较弱。由于出口额已经远小于进口额，越来越依赖于国际市场，产业竞争优势不明显，虽然我国玉米单产不断增加，但与世界先进水平的差距并没有缩短，反而有进一步拉大的趋势，劳动力成本的增长对国内玉米价格的上升也有反作用，刺激了玉米价格的上升，不利于国内玉米价格的稳定。

第三，我国玉米产业需要采取一定程度的保护措施。由于按照一定的需求增长率估计，供需缺口将不断增加，供需矛盾仍然突出。未来玉米进口压力仍然比较大，国外玉米的价格竞争优势在不断增强，在不考虑进口准入限制政策的情况下，进口玉米将大量涌入我国。

第四，我国的玉米贸易政策不够积极灵活。我国在利用国际玉米市场补充库存方面不够积极，没有很好地利用国际玉米市场、充分利用比较优势以平衡国内玉米市场波动。

（2）对我国玉米产业系统安全进行动态评价与变化趋势分析得出的主要结论：

第一，通过建立因子分析模型发现进口投资控制因子排在因子排序的首位，分析结论表明影响玉米产业安全最重要的两个指标是产业进口依赖性以及产业控制指标。

第二，通过设置各指标的警限、将指标值映射等步骤合成模糊评价模型，最终得出中国玉米产业系统安全度估算结果。结果总体显示国内玉米产业安全呈现阶段性特征。2001～2008 年我国玉米产业安全评级为安全，而 2009～2019 年评级为不安全。

第三，从玉米产业自给率安全度变化趋势分析得出。玉米消费增长高于玉米增产速度导致玉米自给率指标整体安全程度下降，而玉米消费中饲料消费与工业消费的增长是主要原因；从产业控制安全度评分及玉米产业发展现状看，国有资本仍然在玉米产业链中处于优势地位，但国际粮食企业正在加紧对我国渗透的步伐；从玉米产业国际竞争力安全度变化趋势分析看，农村人均耕地面积、玉米生产成本及劳动力素质及数量是形成玉米国际竞争力重要因素，中国玉米的出口能力逐渐萎缩，玉米国际竞争力明显下滑；从玉米产业国内供给环境安全度变化趋势分析看，从近年玉米供给环境的现实情况分析，虽然我国玉米产量整体保持增长状态，但增长的速度仍然低于需求增长的速度，玉米供求仍然处于紧平衡状态，玉米科技的研发到真正转化为生产力是一个长期的过程，因此，我国玉米单产增长的压力仍很大。

（3）模拟分析国际玉米市场波动对我国玉米产业系统的影响所得

出的主要结论：

第一，间接贸易是国际粮价输入的主要形式。通过设置基期方案及两个模拟方案，分别模拟分析，模拟结果显示，世界玉米市场波动不仅对玉米价格影响产生显著影响而且对大米、小麦、大豆等相关作物的价格也会产生影响，这再次说明间接贸易是国际粮价输入的主要形式。

第二，世界玉米市场波动对涉及玉米的各产业部门的影响看，玉米价格的上升已经对畜牧业产生了显著的影响，从整个畜牧业看，模拟的结果显示初级产品价格波动的程度及幅度要小于工业制成品，除畜牧业外，对玉米工业深加工业的影响也比较大。从影响程度上看玉米价格上涨的负面作用是可能造成公众对通货膨胀的预期增强，进而拉动整个食品价格的惯性上涨。尽管玉米已经不是餐桌上的主要食品，但是玉米加工产品广泛应用于食品添加剂与工业领域，玉米原料的上涨将带动这些下游产品的上涨，有可能会带动新一轮的食品涨价潮。

（4）模拟分析玉米进口准入政策进一步开放对我国玉米产业系统的影响得出的主要结论：

第一，从降低玉米进口配额外关税对玉米各相关产业部门的影响看，如果我国近期降低玉米进口配额外关税，玉米种植会遭受较大的冲击，对玉米生产进行补贴是必要的措施，但是如果只依靠补贴来抵减过度开放的冲击，每年将支付高额补贴，实施高补贴政策还会影响其他粮食作物生产对其他产业也有损害，如果对其也进行补贴数额会更高。这不仅对我国的财政支出有一定压力，更重要的是会造成粮食产量的不稳定，威胁粮食安全。

第二，从扩大配额对玉米各相关产业部门的影响看，随着配额的增加，玉米加工业的收益将增加，但这种受益是以牺牲玉米种植为代价的。而由于玉米种植比较受益的下降，农民会改种其他农作物，所以小麦、稻等农作物的种植面积有所增加。根据实际情况适度增加配额对玉米产业有利，但增加的配额不应过多，应逐步放开玉米市场准入，否则将危害玉米产业安全。

本书的创新之处在于：

（1）把系统分析的思想以及方法引入产业安全研究领域，以科学的系统观来研究玉米产业安全，更能体现产业的特性和深层次内涵。

（2）运用时间序列分析对指标数据进行动态推演与指标评价。现有的农业产业安全评价书多是采用静态评价，也有一些被称为动态评价，但大都用近几年的数据直接评价，或用几年数据的平均变化率对数据进行推演分析，这种评价方法不能考虑经济及贸易周期性的影响，缺乏对指标值变化规律性的分析。本书利用多年的历史数据，通过对指标数据建立时间序列模型，既能对数据进行预测延展，又能充分分析各指标变动的规律性因素。

（3）应用 CGE 模型评估世界玉米市场波动及我国玉米进口准入政策的影响。国内对国际粮食价格波动的影响，大多数文献是从价格输入方面进行研究。没有进一步具体定量分析，价格波动对相关产业的影响。另外本书在标准的全球贸易分析模型（GTAP）基础上，借鉴关税配额政策处理方法，模拟分析玉米进口准入政策调整的影响，此方法能够为其他产业分析进口政策调整分析提供借鉴。

（4）本书通过研究得出，虽然国有资本仍然在玉米产业链中处于优势地位，但国际粮食企业正在加紧对我国渗透的步伐。

（5）本书通过模拟发现，间接贸易是国际粮价输入的主要形式。世界玉米市场波动不仅对玉米价格影响产生显著影响而且对大米、小麦、大豆等相关作物的价格也会产生影响，这说明间接贸易是国际粮价输入的主要形式。

（6）本书通过模拟发现，对玉米生产进行补贴是开放经济条件下维护玉米产业安全的必要措施，但是如果只依靠补贴来抵减过度开放的冲击，每年将支付高额的补贴，实施高补贴政策的还会影响其他粮食作物生产对其他产业也有损害，如果对其也进行补贴数额会更高。这不仅对我国的财政支出有一定压力，更重要的是会造成粮食产量的不稳定，威胁粮食安全。

由于本书利用时间序列模型对指标值进行预测，由于模型本身的局限性，对近期数据的预测精度较有保证，当进行长期预测时，数据的可靠性无法保证。因此，本书数据的预测期仅截至 2019 年，未来更长时间中国玉米产业安全状况的预测以及周期变化规律等相关命题，有待进一步研究。另外，在模拟时由于 GTAP 数据库数据是 2004 年版本，受制于方法和精度要求，本书仅将数据库根据需要做部分升级，还有一些模拟情境，有待新版本数据库更新之后进行。

参 考 文 献

［1］ Aziz Elbehri, K. R. Pearson. Implementing Bilateral Tariff Rate Quotas in GTAP using GEMPACK GTAP. Technical Paper No. 18, 2005.

［2］［英］亚当·斯密：《国民财富的性质和原因研究》（下卷），郭大力、王亚南译，商务印书馆1974年版，第56页。

［3］李孟刚：《产业安全理论的研究》，北京交通大学2006年版，第72～78页。

［4］胡代光、高鸿业：《现代西方经济学辞典》，中国社会科学出版社1996年版，第105页。

［5］张谦：《战略性贸易政策论》，山西经济出版社1999年版，第109～111页。

［6］保罗·克鲁格曼：《战略性贸易政策与新国际经济学》，海闻译，中国人民大学出版社2000年版，第98～99页。

［7］胡昭玲：《战略性贸易政策的理论与实证书》，南开大学出版社2002年版，第125页。

［8］ Daniel Maxwell. Land Tenure and Food Security: A review of Concepts, Evidence, and Methods ［Z］. Research Paper No. 129, 2012.

［9］ Shahbaz Khan, Munir A. Hanjra, Jianxin. MuWater management and crop production for food security in China: A review. Agricultural Water Management, No. 96, 2014, pp. 349 – 360.

［10］ Fernando P. Carva. Agricultur, pesticides, food security and food safety. Environmental science & policy, No. 9, 2006, pp. 685 – 692.

［11］ Marie T Ruel. Is dietary diversity an indicator of food security or dietary quality? a review of measurement issues and research needs [Z]. Fund Discussion Paper No. 140, 2015.

[12] J. H. J. SPIERTZ Nitrogen, sustainable agriculture and food security. Agronomy, No. 30, 2010, pp. 43 –55.

[13] Simon Maxwell. Food security: a post-modern perspective Food Policy. Food Policy, No. 12, 1996, pp. 155 –170.

[14] H. Charles J, Godfray et al. Food Security: The Challenge of Feeding 9 Billion People. Science, No. 11, 2010, pp. 727 –812.

[15] Bettina Baumgartner, Hasan Belevi. A Systematic Overview of Urban Agriculture in Developing Countries Armar – Klemesu [Z]. Fund Discussion Paper No. 120, 2012.

[16] H. smith. Alternative food-security indicators: revisiting the frequency and severity of 'coping strategies'. Food Policy, No. 24, 1999, pp. 411 –429.

[17] Eric Watkinson. South Africa's food security crisis National Labour & Economic Development Institute (NALEDI), July, 2002.

[18] Brambilla, I. Multinationals, technology & the introduction of varieties of goods. Journal of International Economics, No. 9, 2009, pp. 89 – 101.

[19] Brambilla, I. , Galina, H. & Long, C. X. Foreign Direct Investment and the Incentives to Innovate and Imitate. Scandinavian Journal of Economics, 2009, Vol. Ill, No. 4, pp. 835 –861.

[20] Franeois. J, H. Hall, Global Simulation Analysis of Industry – Level trade Policy. World Bank Mimeo, 2014.

[21] DietzenbaeherE, Romerol, production chain in an interregional framework: Identification by mean of average propagation lengths. Intenational Regional Science Review, No. 4, 2007, pp. 362 –383.

[22] Fan, S. Pardey. Research, productivity, and output growth in Chinese agriculture. Journal of Development Economics, No. 53, 1997,

pp. 115 – 137.

［23］ Fan, S. Research investment and the economic returns to Chinese agricultural research. Journal of Productivity Analysis, Vol. 14, No. 92, 2000, pp. 163 – 180.

［24］ FAO. Foreign direct investment—win – win or land grab? World Summit on Food Security. Rome, Italy, 16 – 18, November 2009.

［25］ Laura Resmini, Iulia Siedschlag. Is foreign direct investment to China crowding out the foreign direct investment to other countries? . China Economic Review, No. 25, 2013, pp. 1 – 16.

［26］ Lesrer R. Brown. The New Geopolitics of Food. Foreign Policy Journal, No. 25, 2011, pp. 54 – 63.

［27］ 董银果：《加入 WTO 以来中国农业产业安全分析》，载《西北农林科技大学学报（社会科学版)》，2015 年第 2 期。

［28］ 丁玉、孔祥智：《外资进入对我国农业和产业安全的影响》，载《现代管理科学》，2014 年第 3 期。

［29］ 曹秋菊：《开放贸易下中国农业安全问题研究》，载《农业现代化研究》，2010 年第 3 期。

［30］ 谢春凌：《国际投机资本对产业安全的影响》，载《财经问题研究》，2015 年第 11 期。

［31］ 崔健、刘忠华：《国际直接投资对东亚和拉美国家经济安全影响的制度分析》，载《东北亚论坛》，2004 第 1 期。

［32］ 景玉琴：《论中国农业产业安全保障法律体系的构建》，首都经济贸易大学出版社 2008 年版，第 105 ~ 107 页。

［33］ 蒋志敏、李孟刚：《产业空心化新论》，载《财经界》，2006 年第 10 期。

［34］ 王培志：《中国"入世"后的农业安全问题及其对策》，载《喀什师范学院学报》，2002 年第 1 期。

［35］ 邓田生、刘慷豪：《入世后中国的产业安全》，上海财经大学出版社 2006 年版。

［36］曹文：《我国对外贸易中的产业安全问题与对策研究》，载《国际经济合作》，2014 年第 12 期。

［37］吴玉萍：我国农业产业安全的反垄断法保障机制与规则分析，载《当代法学》，2015 年第 1 期。

［38］左世全：产业全球化对我国产业安全的影响及对策，载《理论导刊》，2011 年第 11 期。

［39］张福军、刘晔：《国外产业安全政策模式比较及对我国的启示》，载《当代经济研究》，2015 年第 4 期。

［40］欧阳彪、王耀中：《开放经济下中国服务业产业安全的测度与评价》，《湖南社会科学》，2015 年第 2 期。

［41］蓝海涛：《运用世贸反补贴规定维护我国产业安全》，载《宏观经济管理》，2015 年第 5 期。

［42］杨益：《当前我国产业安全面临的压力及其应对措施》，载《国际贸易》，2008 年第 9 期。

［43］王潇健：《外资企业在华并购对我国产业安全的影响及对策》，载《对外经贸实务》，2009 年第 2 期。

［44］赵元铭、黄茜：《产业控制力：考察产业安全的一个新视角》，载《徐州工程学院学报（社会科学版）》，2009 年第 3 期。

［45］刘一飞：《国外有关产业安全的经验及教训》，载《宏观经济管理》，2010 年第 4 期。

［46］卜伟、谢敏华、蔡慧芬：《基于产业控制力分析的我国装备制造业产业安全问题研究》，载《中央财经大学学报》，2011 年第 3 期。

［47］章玉贵：《中国须紧握产业发展主导权》，载《学习月刊》，2011 年第 19 期。

［48］何维达：《中国"入世"后的产业安全问题及其对策》，载《经济学动态》，2001 年第 11 期。

［49］何维达、何昌：《当前中国三大产业安全的初步估算》，载《中国工业经济》，2002 年第 2 期。

［50］何维达、宋胜洲：《开放市场下的产业安全与政府规制》，江

西人民出版社 2003 年版，第 58～60 页。

[51] 何维达、刘满凤：《入世后中国汽车工业安全度的 DEA 模型估算》，载《首都经济贸易大学学报》，2005 年第 2 期。

[52] 何维达、李冬：《我国产业安全理论研究综述》，载《经济纵横》，2006 年第 8 期。

[53] 何维达，谢缓等：《中国若干重要产业安全的评价与估算》，知识产权出版社 2007 年版，第 108 页。

[54] 史欣向：《"新常态"下的产业安全评价体系重构与实证研究——以中国高技术产业为例》，载《中国软科学》，2015 年第 7 期。

[55] 韩港：《经济新常态下我国稀土产业安全研究》，载《经济问题》，2016 年第 9 期。

[56] 李红：《产业安全评价指标体系的构建》，载《经济生活》，2006 年第 5 期。

[57] 李孟刚：《产业安全理论研究（第二版）》，经济科学出版社 2010 年版，第 66 页。

[58] 王培志：《经济全球化背景下中国产业安全预警机制研究》，中国财政经济出版社 2008 年版，第 82～84 页。

[59] 朱丽萌：《中国农产品进出口与农业产业安全预警分析》，载《财经科学》，2014 年第 6 期。

[60] 余治利：《警惕"产业空洞化"——对我国产业安全的思考》，载《世界经济研究》，2014 年第 5 期。

[61] 黄建军：《中国的产业安全问题》，载《财经科学》，2001 年第 6 期。

[62] 刘莉雪：《对产业安全若干基本概念的探讨》，载《北京交通大学学报（社会科学版）》，2015 年第 10 期。

[63] 冯玉红：《引进外资与维护本国产业安全》，载《西藏民族学院学报》，1999 年第 5 期。

[64] 童志军：《利用外资与国家产业安全》，载《中国软科学》，2000 年第 2 期。

［65］何维达：《中国"入世"后的产业安全问题及其对策》，载《经济学动态》，2001 年第 11 期。

［66］宋向党：《系统化视角下的农业产业安全问题探讨》，载《河北经贸大学学报》，2016 年第 5 期。

［67］于新东：《中国加入 WTO 后产业保护和产业安全研究及对策》，载《学习与探索》，2000 年第 5 期。

［68］马建会：《加入 WTO 后影响中国产业安全的八大因素》，载《亚太经济》，2002 年第 4 期。

［69］王允贵：《产业安全相关问题综述》，载《开放导报》，2000 年第 1 期。

［70］何维达、李冬梅：《中国产业安全理论研究综述》，载《经济纵横》，2006 年第 8 期。

［71］夏兴园、工瑛：《国际投资自由化对中国产业安全的影响》，载《中南财经大学学报》，2001 年第 2 期。

［72］景玉琴：《产业安全概念探析》，载《当代经济研究》，2004 年第 3 期。

［73］王允贵：《产业安全问题与政策建议》，载《开放导报》，1997 年第 1 期。

［74］张立：《维护中国产业安全的制度变迁模式初探》，载《天府新论》，2002 年第 4 期。

［75］程恩富：《外商直接投资与民族产业安全》，载《财经研究》，1998 年第 8 期。

［76］赵世洪：《国民产业安全若干理论问题研究》，载《中央财经大学学报》，1998 年第 5 期。

［77］张奋勤：《跨国公司对中国产业安全的影响与对策分析》，载《问题探讨》，2014 年第 1 期。

［78］谢莹：《入世后维护中国产业安全的法律措施》，载《法学杂志》，2015 年第 5 期。

［79］杨公朴：《中国汽车产业安全性研究》，载《财经研究》，

2000 年第 1 期。

[80] 李连成、张玉波：《FDI 对中国产业安全的影响和对策探讨》，载《新东方》，2014 年第 6 期。

[81] 景玉琴：《产业安全概念探析》，载《当代经济研究》，2004 年第 3 期。

[82] 朱建民、魏大鹏：《我国产业安全评价指标体系的再构建与实证研究》，载《科研管理》，2013 年第 7 期。

[83] 万宝瑞：《确保我国农业三大安全的建议》，载《农业经济问题》，2015 年第 3 期。

[84] 张元红：《中国粮食安全状况评价与战略思考》，载《中国农村观察》，2015 年第 1 期。

[85] 胡岳岷、刘元胜：《中国粮食安全：价值维度与战略选择》，载《经济学家》，2015 年第 5 期。

[86] 张越杰：《中国玉米产业链研究——以吉林省为例》，载《农业经济问题》，2014 年第 12 期。

[87] 颜加勇：《国家储备粮保障体系建设研究》，南京农业大学博士学位论文，2006 年。

[88] 孙月新：《我国的玉米经济：供给与需求分析》，中国农业科学院硕士学位论文，2007 年。

[89] Ron Chernow. Alexander Hamilton, Penguin Press HC, 2004.

[90] [英] 亚当·斯密：《国民财富的性质和原因研究（下卷）》，郭大力，王亚南译. 商务印书馆 1974 年版，第 56 页。

[91] [德] 弗里德里希·李斯特：《政治经济学的国民体系》，邱伟立译，华夏出版社 2009 年版，第 89 页。

[92] 何维达、宋胜洲：《开放市场条件下产业安全与政府规制》，江西人民出版社 2003 年版，第 106 页。

[93] 王允贵：《外资对我国产业安全的影响与对策》，载《开放导报》，1997 年第 1 期，第 27~29 页。

[94] 于新东：《中国加入 WTO 后产业保护和产业安全研究及对

策》，载《学习与探索》，2014 年第 5 期，第 7～8 页。

[95] 张立：《我国产业对外开放中的风险与控制》，载《人文杂志》，2002 年第 5 期。

[96] 李孟刚：《产业安全理论研究》，载《管理现代化》，2006 年第 3 期。

[97] Mieheal E. Porter. The ComPetitive Advantage of Nations , the MaCmillanPress, London, 1990.

[98] 李创：《产业国际竞争力理论模型研究》，载《当代经济管理》，2014 年第 2 期。

[99] Paul Krugman. Strategic Sectors in International Competition. Robert M. Stern. （Ed）. U. S. Trade Policies in a Changing World Economy. London, MIT Press, 1984：207 –232.

[100] 埃尔赫南·赫尔普曼：市场结构和对外贸易，尹翔硕，尹翔康译，上海人民出版社 2009 年版，第 59～65 页。

[101] 埃尔赫南·赫尔普曼：《贸易政策和市场结构》，李增刚译，上海人民出版社 2009 年版，第 96～98 页。

[102] James A. Brander and Barbara J. Spencer, Export Subsidies and International Market Share Rivalry, Journal of International Economics 1983, 18, pp. 83 –100.

[103] 顾卫平：《WTO 框架下我国农业保护政策：依据、空间、调整》，载《上海经济研究》，2015 年第 9 期。

[104] 肖爱清：《国际组织对"农业多功能性"界定的比较研究》，载《淮南师范学院学报》，2008 年第 3 期。

[105] 梁世夫、姚惊波：《农业多功能性理论与我国农业补贴政策的改进》，载《调研世界》，2015 年第 4 期。

[106] 陈宪：《国际贸易理论与实务》，高等教育出版社 2005 年版。

[107] 宋扬：《WTO 规则下我国农业国内支持水平研究》，大连海事大学硕士论文，2009 年。

[108] 农业协议国内支持规则详解. www. cafte. gov. cn（中国农业

对外贸易信息网）。

[109] 唐忠、李众敏、江东坡：WTO 农业国内支持政策执行情况及其改革方向探讨，载《管理世界》，2014 年第 1 期。

[110] 农业协议国内支持规则详解 . www. cafte. gov. cn（中国农业对外贸易信息网）。

[111] 梁世夫、姚惊波：《农业多功能性理论与我国农业补贴政策的改进》，载《调研世界》，2008 年第 4 期。

[112] 何维达：《中国若干重要产业的产业安全评价与估算》，知识产权出版社 2008 年版。

[113] 金鑫、李爽：《外资进入对我国玉米产业的影响与对策研究》，载《经济纵横》，2015 年第 7 期。

[114] 胡冰川：《WTO 框架下 FTA 国别效应的动态研究》，南京农业大学博士论文，2007 年。

[115] 丁守海：《国际粮价波动对我国粮价的影响分析》，载《经济科学》，2014 年第 2 期。

[116] 王利荣：《中国棉花市场准入政策对涉棉产业的影响研究》，南京农业大学博士论文，2012 年。

致 谢

在本书即将完成之际，回顾撰写的全过程，感慨良多，经历过冥思苦想后的踌躇满志，也感受了打倒重来的郁郁寡欢。我要感谢东北农业大学经济管理学院领导和老师们对我的帮助，我总是在困惑的时候请教他们，没有各位老师不厌其烦地辛勤点拨，也就没有本书的顺利完成。在这里我还要特别感谢东北农业大学经济管理学院的郭翔宇教授、胡胜德教授、李翠霞教授等领导老师对我的无私帮助。谨向培养和帮助我多年母校以及各位恩师表示最真挚、最崇高的感谢和敬意。

感谢桂林旅游学院领导，尤其感谢桂林旅游学院国际商学院杨莎莎院长，对本书出版的鼓励与支持。

感谢我这一生最重要的朋友：胡畔和王巍，他们都见证了我奋斗的艰辛和成长的痛苦，在遇到困难时总是在第一时间想到你们，回应我的总是无私的帮助。你们永远是我的挚友！

在此还要特别对父母表示感谢，感谢他们无微不至地支持和照顾，使我在面对困难时，不畏惧、不退缩；也感谢父母对我的包容，有时候因写作不畅，对你们态度不好，也向你们致以最真诚的歉意。

金 鑫
2017 年 10 月